翰墨清风

廉洁文化诗句格言书艺集

本书编写组 编著

山西出版传媒集团 山西教育出版社
·太原·

图书在版编目（CIP）数据

翰墨清风——廉洁文化诗句格言书艺集 / 本书编写组编著 . -- 太原 : 山西教育出版社 , 2025. 2. -- ISBN 978-7-5703-4524-3

Ⅰ . D630.9

中国国家版本馆 CIP 数据核字第 2024Y8U747 号

翰墨清风——廉洁文化诗句格言书艺集

HANMO QINGFENG——LIANJIE WENHUA SHIJU GEYAN SHUYI JI

责任编辑 闫果红
复　　审 刘继安
终　　审 刘晓露
装帧设计 薛　菲
印装监制 蔡　洁

出版发行 山西出版传媒集团・山西教育出版社
（地址：太原市水西门街馒头巷7号　电话：0351-4729801　邮编：030002）
印　　装 山西基因包装印刷科技股份有限公司
开　　本 880×1230　1/16
印　　张 15.5
字　　数 110千字
版　　次 2025年2月第1版　2025年2月山西第1次印刷
书　　号 ISBN 978-7-5703-4524-3
定　　价 280.00元

序 言

千百年来，中华民族用自己的勤劳和智慧创造了光辉灿烂的中华优秀传统文化，并且以诗词歌赋、名言警句、楹联典故等形式凝聚精华，广为传诵，世代流布，成为这个民族生生不息、血肉相连的文化血脉，而蕴含其中的优秀廉洁文化，也以不可磨灭的文化魅力和生命力为历代国人所赞赏，将其比作日月，仰其光芒，沐其清新。

廉洁文化之所以能够广为流传，弥久不衰，一个很重要的原因就是其深层潜藏着崇尚廉洁的传统美德和价值取向。古代先贤一直以正心修身、道德高尚为立身处世之圭臬。北宋诗人苏轼《赤壁赋》中的“惟江上之清风，与山间之明月，耳得之而为声，目遇之而成色，取之无禁，用之不竭”；北宋周敦颐《爱莲说》中的“出淤泥而不染，濯清涟而不妖”；元代王冕《墨梅》中的“不要人夸好颜色，只留清气满乾坤”；清代郑板桥《画竹》题诗中的“疑是民间疾苦声”“一枝一叶总关情”等，表达了古代先贤高洁立身、秉持操守的心境与情怀。中华优秀传统文化中的家训家风文化，也是廉洁文化建设的重要组成部分，对“齐家”提出了明确要求。《颜氏家训》《朱子家训》以及我省的《裴氏家训》《于氏家训》等，都蕴含着丰富的廉洁教育内容。廉洁不仅是一种个人修养、治家理念，更是一种社会责任。北宋思想家张载《横渠语录》中提倡的“为天地立心、为生民立命、为往圣继绝学、为万世开太平”；范仲淹《岳阳楼记》中提倡的“先天下之忧而忧，后天下之乐而乐”，为历代先贤所尊崇。尚俭戒奢、勤俭持家、修齐治平、天下为公等思想理念，成为中华民族生生不息、积极向上的精神“脊梁”。

廉洁文化中的廉政思想在中华优秀传统文化中被视为“仕者之德”“为官之宝”。春秋战国时期，儒家就提出“为政以德”“仁者爱人”的理念；《尚书·皋陶谟》中有“宽而栗，柔而立，愿而恭，乱而敬，扰而毅，直而温，简而廉，刚而塞，强而义”之说。西周时期，“六廉”成为官员政绩的重要考核标准，首次提出廉能并重、以廉为本的思想。东汉著名学者王逸在《楚辞·章句》中对屈原作品《招魂》中“朕幼清以廉洁兮，身服义而未沬”的“廉洁”一词予以注释：“不受曰廉，不污曰洁”。唐代诗人孟郊《上达奚舍人》中的“大贤秉高鉴，公烛无私光”，表达了诗人对廉洁、公正的崇尚和对个人品德的高标准要求。宋代吕本中在其所著《官箴》中言：“当官之法，惟有三事：曰清、曰慎、曰勤。”明代理学家曹端的“吏不畏吾严而畏吾廉，民不服吾能而服吾公；公则民不敢慢，廉则吏不敢欺”被广泛流传。清朝山东巡抚年富将“公生明，廉生威”六字加于曹端的廉政箴言之后，流传后世。

现今在霍州古署衙还可以看到写有“公生明，廉生威”的石碑。在山西留存的许多古署衙门、名府大院都有经典廉政楹联。由此可见，无论是古代圣贤的廉洁事迹，还是流传千古的廉洁格言，都深刻体现了中华民族对于廉政思想的崇尚与追求。

廉洁文化对民族性情素质的陶冶，不是行政命令或强行灌输式的，而是以其充满智慧的魅力和人们的精神渴求相对应，如久旱逢甘霖、旱苗遇春雨，逐渐渗透到人们的心灵深处。《翰墨清风——廉洁文化诗句格言书艺集》一书的付梓问世，给人以耳目一新的感觉和触动。它以书法创作为载体，以古代先贤廉洁嘉言为内容，辅之以释文和解读，既体现了书法艺术的遒丽之美，又饱含着廉洁思想的深刻内涵。读者在体味浓浓墨香的同时，领略到博大精深的中华优秀廉洁文化，达到思想性、艺术性、欣赏性的有机统一，使廉洁教育春风化雨、润物无声、入脑入心。

新时代新征程，廉洁文化建设是党的自我革命必须长期抓好的重大政治任务，也是一项长期的系统工程。我们要以习近平总书记关于廉洁文化建设的重要思想为引领，不断创新廉洁教育方式，以先进文化启智润心，以廉洁文化厚植于心，弘扬清风正气，教育引导广大党员干部崇廉尚洁，勤政为民，筑牢清廉山西根基。

山西省社会科学院（山西省人民政府发展研究中心）

目　录

第一部分　敬民为民　/1

第二部分　廉政之道　/39

第三部分　为政尚德　/89

第四部分　严以修身　/139

第五部分　严正家风　/185

第一部分

敬民為政

1.

民惟邦本，本固邦宁。

出自《尚书·五子之歌》。原文为："皇祖有训，民可近，不可下。民惟邦本，本固邦宁。"意为祖先早就传下训诫，百姓是用来亲近的，不能轻视与低看。百姓才是国家的根本。民心民意根基牢固，国家才能长治久安。

中华文明历来注重以民为本，民本思想源远流长。中国共产党天然与人民联系在一起，为中国人民谋幸福，为中华民族谋复兴，这个初心和使命是激励中国共产党人不断前进的根本动力。

《尚书·五子之歌》节选

43cm×43cm

2.

水能载舟，亦能覆舟。

最早出自《荀子·王制》。原文为："水则载舟，水则覆舟。"后来唐朝魏征写入《谏太宗十思疏》（怨不在大，可畏惟人，载舟覆舟，所宜深慎。）呈交给唐太宗李世民，李世民也常用来警醒自己、告诫臣子。该比喻生动地诠释了君民关系。

人民群众是历史的真正创造者。我们党的根本宗旨就是全心全意为人民服务，要善解民心之忧、善谋民生之利，让人民共享改革发展的成果，切实增强人民群众的幸福感、获得感、安全感。

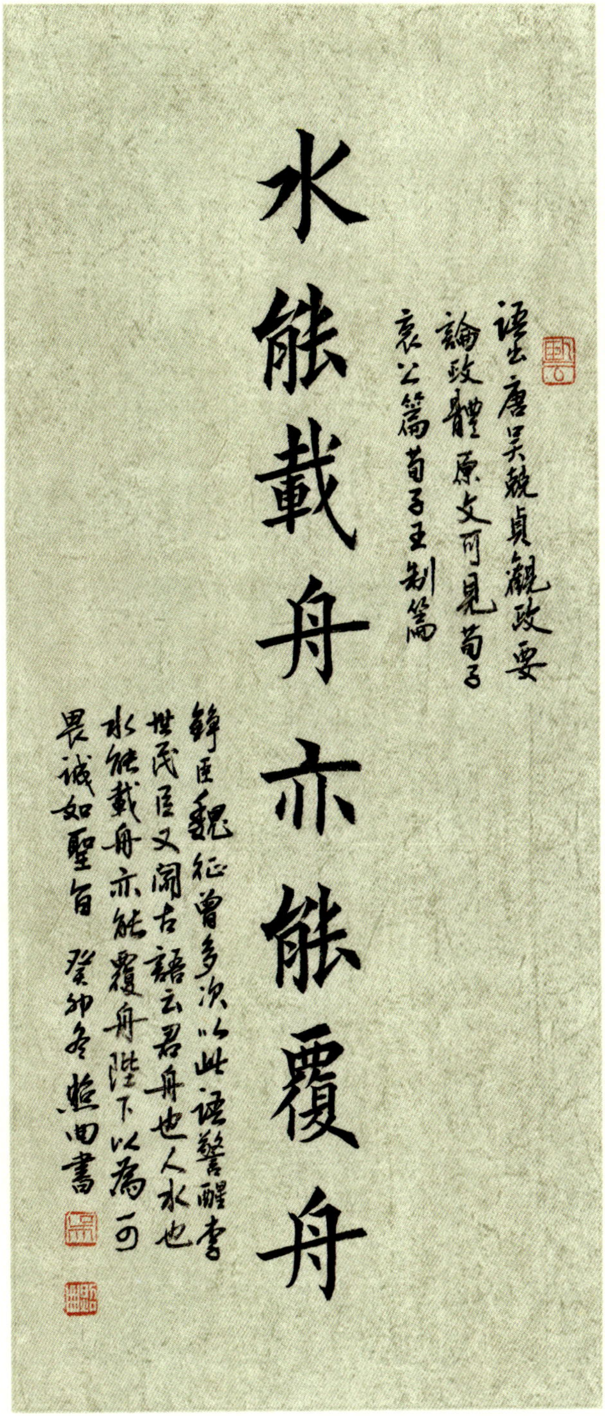

《荀子·王制》节选

46cm×23cm

3.

政之所兴，在顺民心；
政之所废，在逆民心。

出自《管子·牧民》。意为政权之所以能兴盛，在于顺应民心；政权之所以废弛，则因为违逆民心。

人心向背是决定一个政党、一个政权兴衰的根本因素。人民的拥护和支持是中国共产党执政最牢固的根基。广大党员唯有尊重人民主体地位，心中常思百姓疾苦，脑中常谋富民之策，激发蕴藏在人民群众中的创造力，我们党才能获得深厚土壤和不竭动力。

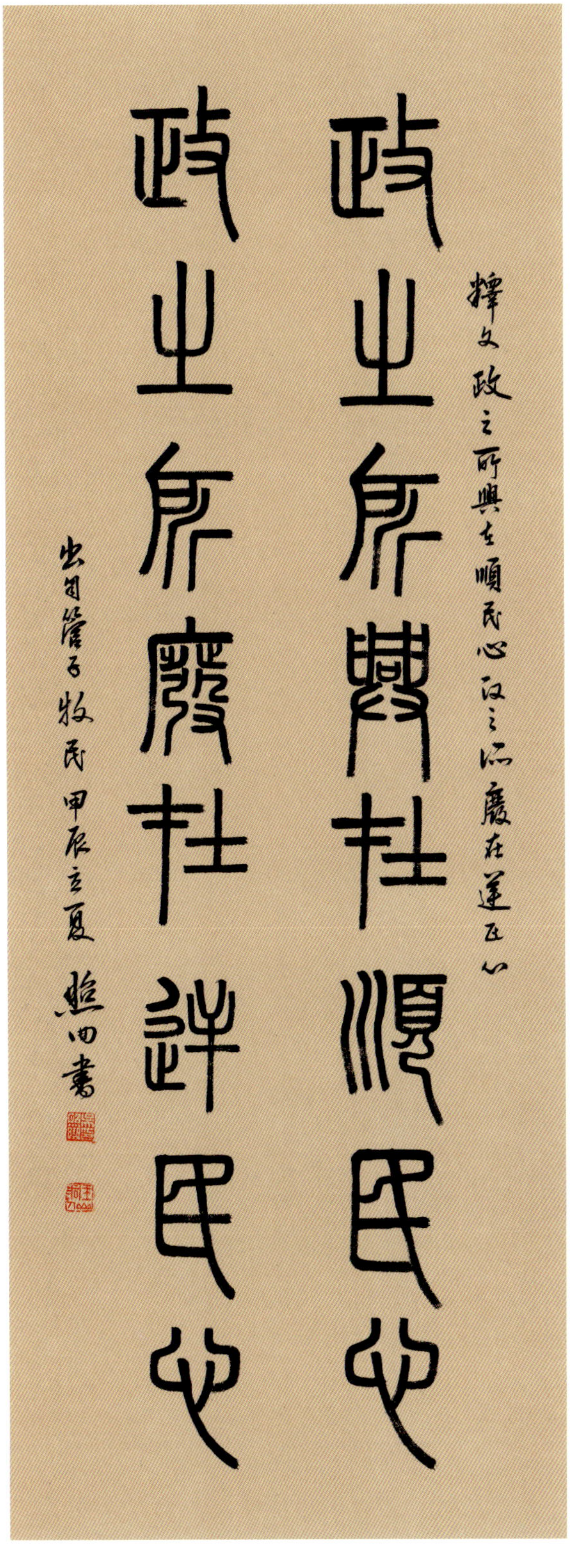

《管子·牧民》节选

144cm×65cm

4.

廉者，民之表也；
贪者，民之贼也。

出自宋代包拯所作《乞不用赃吏疏》。意为清官廉吏是百姓的表率，贪官污吏是残害百姓的盗贼。

官员清廉与否，不仅关系到社稷安危，而且对整个社会风气产生极大的影响。作为党员干部，既要保持艰苦朴素、公而忘私的光荣传统，永葆清正廉洁的政治本色；又要以优良党风带动社风民风向上向善，营造风清气正的社会风气。

《乞不用赃吏疏》节选

88cm×34cm

5.

利民之事，丝发必兴；
厉民之事，毫末必去。

出自清代经学家万斯大所作《周官辨非·天官》。意为凡是于民有利的事情，再小也要推行；凡是于民有害的事情，再小也要革除。

群众利益无小事。只有从一点一滴的“小事”做起，才能赢得群众的信任和支持。为此，要持续推动全面从严治党向基层延伸，把整治群众身边不正之风和腐败问题作为重要任务常态化地抓，坚决惩治损害群众利益的“微腐败”，维护人民群众的合法权益。

《周官辨非·天官》节选

180cm×49cm

6.

治国有常，而利民为本；
政教有经，而令行为上。
苟利于民，不必法古；
苟周于事，不必循旧。

出自西汉淮南王刘安及其门客集体编撰的《淮南子·氾论训》。意为治理国家虽有常规，但必须以利民为根本；政治教化虽有常法，但以切实有效为最佳。如果对民众有利，就不必非要效法古制；如果适合实际情况，就不必一定要遵循旧规。

治理国家最根本的标准就是“利民”，制度要适应时代发展变化。这就要求广大党员干部牢记和践行党的宗旨，适应新时代、新征程发展要求，进一步全面深化改革、推进中国式现代化，更好地满足人民日益增长的美好生活需要。

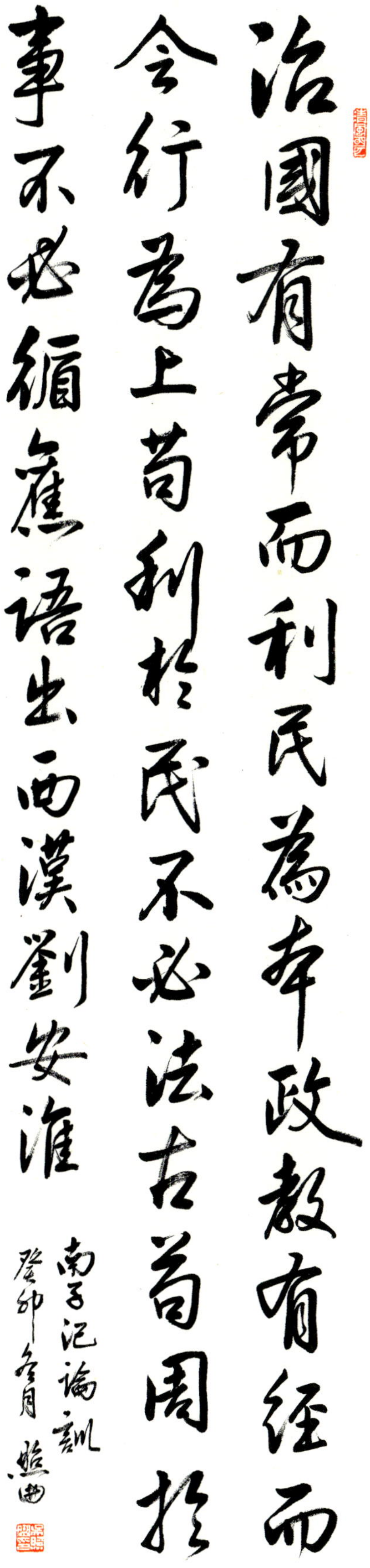

《淮南子·氾论训》节选

180cm×49cm

7.

衙斋卧听萧萧竹，疑是民间疾苦声。
些小吾曹州县吏，一枝一叶总关情。

这是清代画家郑板桥的一首题画诗《潍县署中画竹呈年伯包大中丞括／墨竹图题诗》。意为在衙门里休息的时候，听见竹叶萧萧作响，仿佛听见了百姓啼饥号寒的怨声。我们虽然只是州县里的小官吏，但百姓的每一件小事都在牵动着我们的感情。这是郑板桥出任山东潍县知县时赠给上司山东巡抚包括的，诗人虽官职卑微，却心系百姓疾苦。

党的根基和血脉在人民。党员干部无论官职大小，都应勤政爱民，以人民为中心，将百姓的冷暖安危放在心上。要进一步增强责任意识、担当意识，心系百姓、情系民生，真心实意为群众办实事、办好事，办好群众的每一件琐碎“小事”。

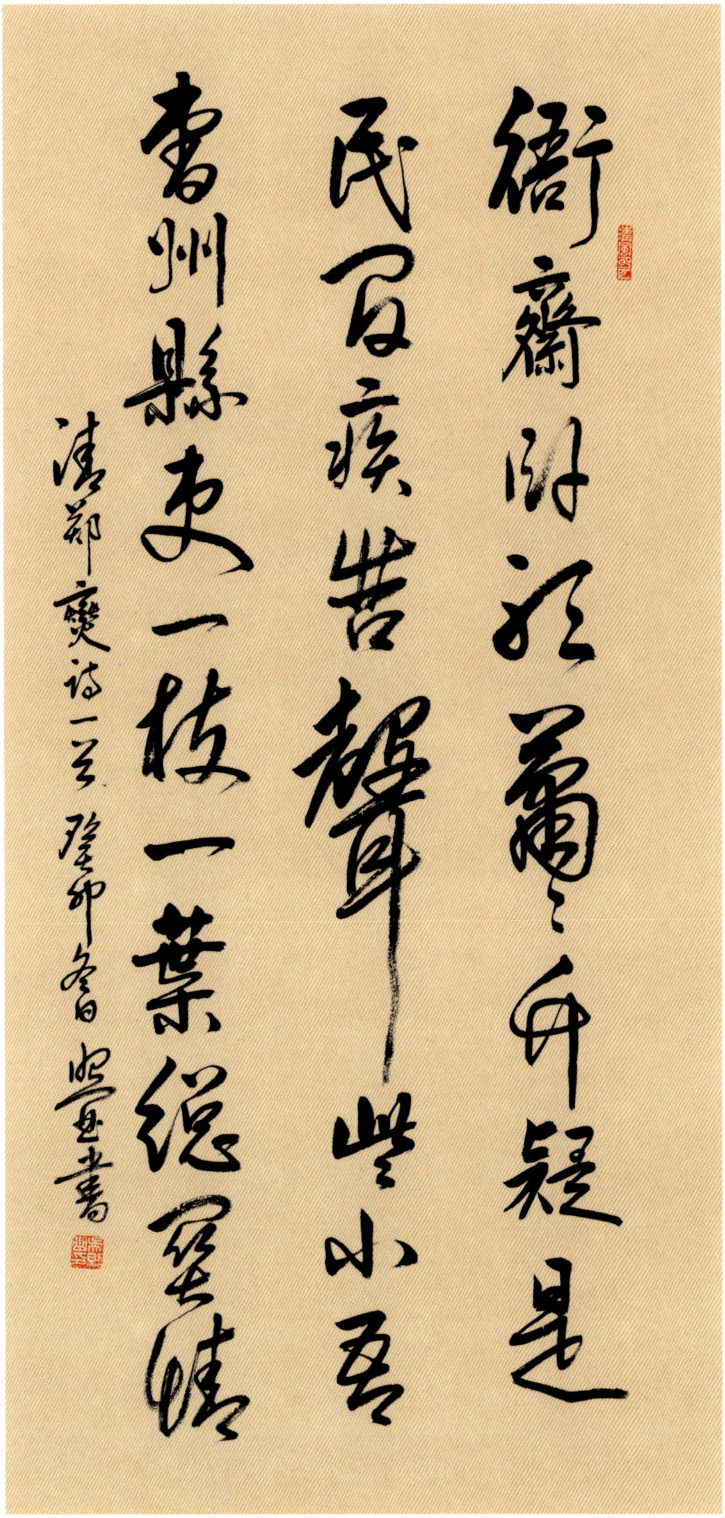

《潍县署中画竹呈年伯包大中丞括／墨竹图题诗》

144cm×70cm

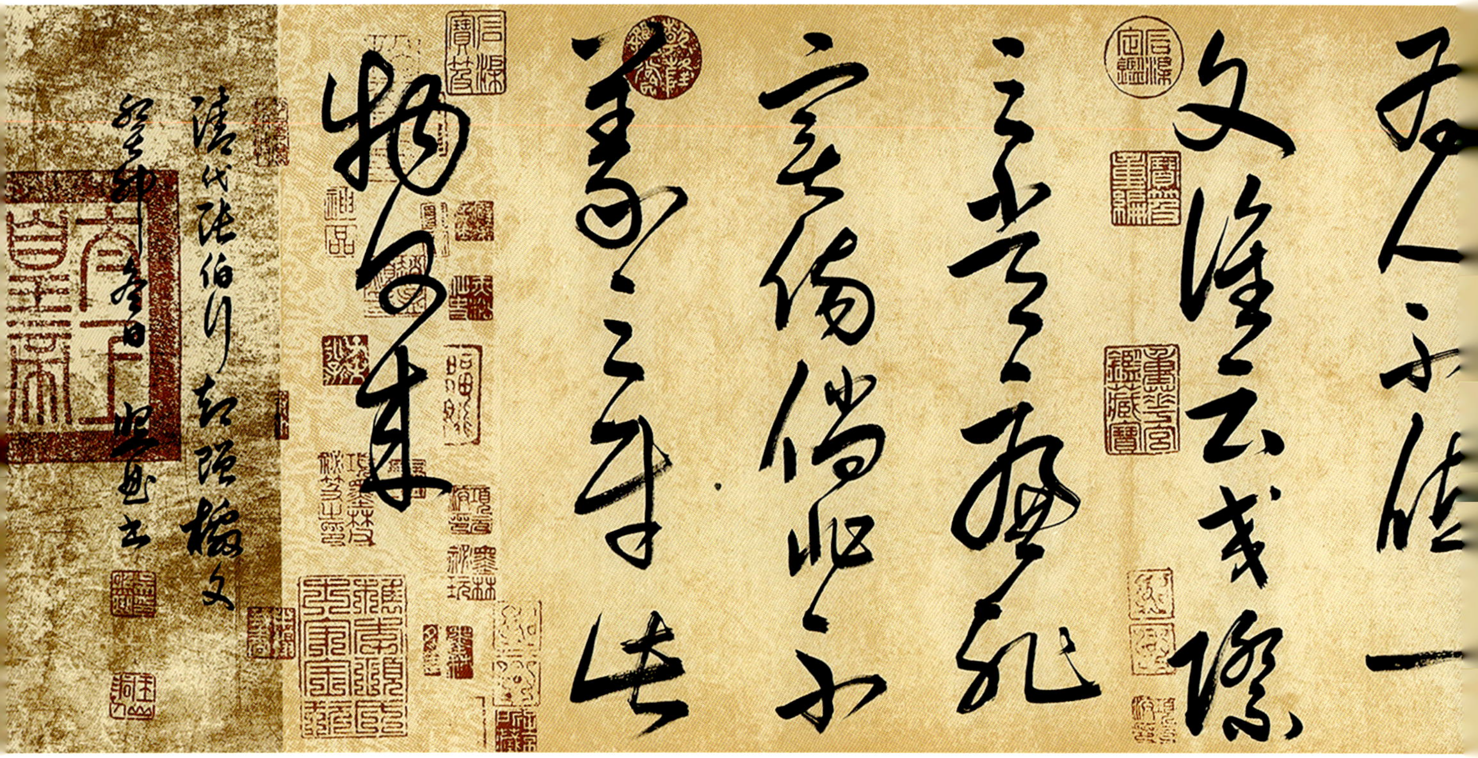

8.

一丝一粒，我之名节；一厘一毫，民之脂膏。宽一分，民受赐不止一分；取一文，我为人不值一文。谁云交际之常，廉耻实伤，倘非不义之财，此物何来？

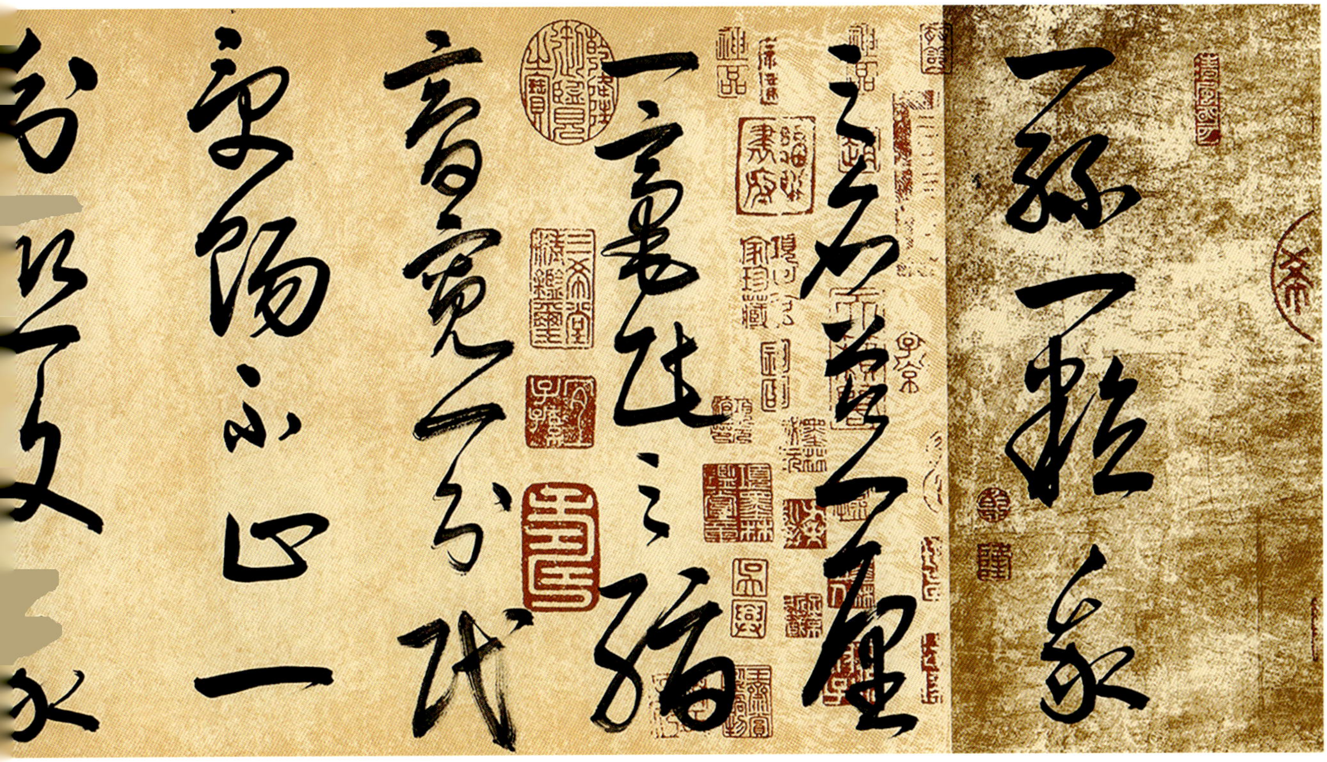

《却赠檄文》

48cm×173cm

出自清代张伯行所作《却赠檄文》。意为“一丝一粒”虽小，却关系到个人名节；“一厘一毫”虽微，却都是民脂民膏。对百姓宽待一分，百姓所受的实惠就不止一分；向百姓多索取一文钱，则自己的为人就不值一文钱。不要说什么这只是正常人的人情往来，实则是关乎廉耻的大事，如果不是不义之财，这些东西又从何而来呢？

思想的滑坡、信念的动摇，往往是从不注重小事小节开始的。党员干部要时刻紧绷廉洁自律这根弦，保持敬畏之心，不忘本心，与人民心心相印、同甘共苦，始终践行共产党人的初心和使命。

9.

庆历四年春，滕子京谪守巴陵郡。越明年，政通人和，百废具兴，乃重修岳阳楼，增其旧制，刻唐贤今人诗赋于其上，属予作文以记之。

予观夫巴陵胜状，在洞庭一湖。衔远山，吞长江，浩浩汤汤，横无际涯，朝晖夕阴，气象万千，此则岳阳楼之大观也，前人之述备矣。然则北通巫峡，南极潇湘，迁客骚人，多会于此，览物之情，得无异乎？

若夫淫雨霏霏，连月不开，阴风怒号，浊浪排空，日星隐曜，山岳潜形，商旅不行，樯倾楫摧，薄暮冥冥，虎啸猿啼。登斯楼也，则有去国怀乡，忧谗畏讥，满目萧然，感极而悲者矣。

至若春和景明，波澜不惊，上下天光，一碧万顷，沙鸥翔集，锦鳞游泳，岸芷汀兰，郁郁青青。而或长烟一空，皓月千里，浮光跃金，静影沉璧，渔歌互答，此乐何极！登斯楼也，则有心旷神怡，宠辱偕忘，把酒临风，其喜洋洋者矣。

嗟夫！予尝求古仁人之心，或异二者之为，何哉？不以物喜，不以己悲，居庙堂之高则忧其民，处江湖之远则忧其君。是进亦忧，退亦忧。然则何时而乐耶？其必曰“先天下之忧而忧，后天下之乐而乐”乎！噫！微斯人，吾谁与归？

时六年九月十五日。

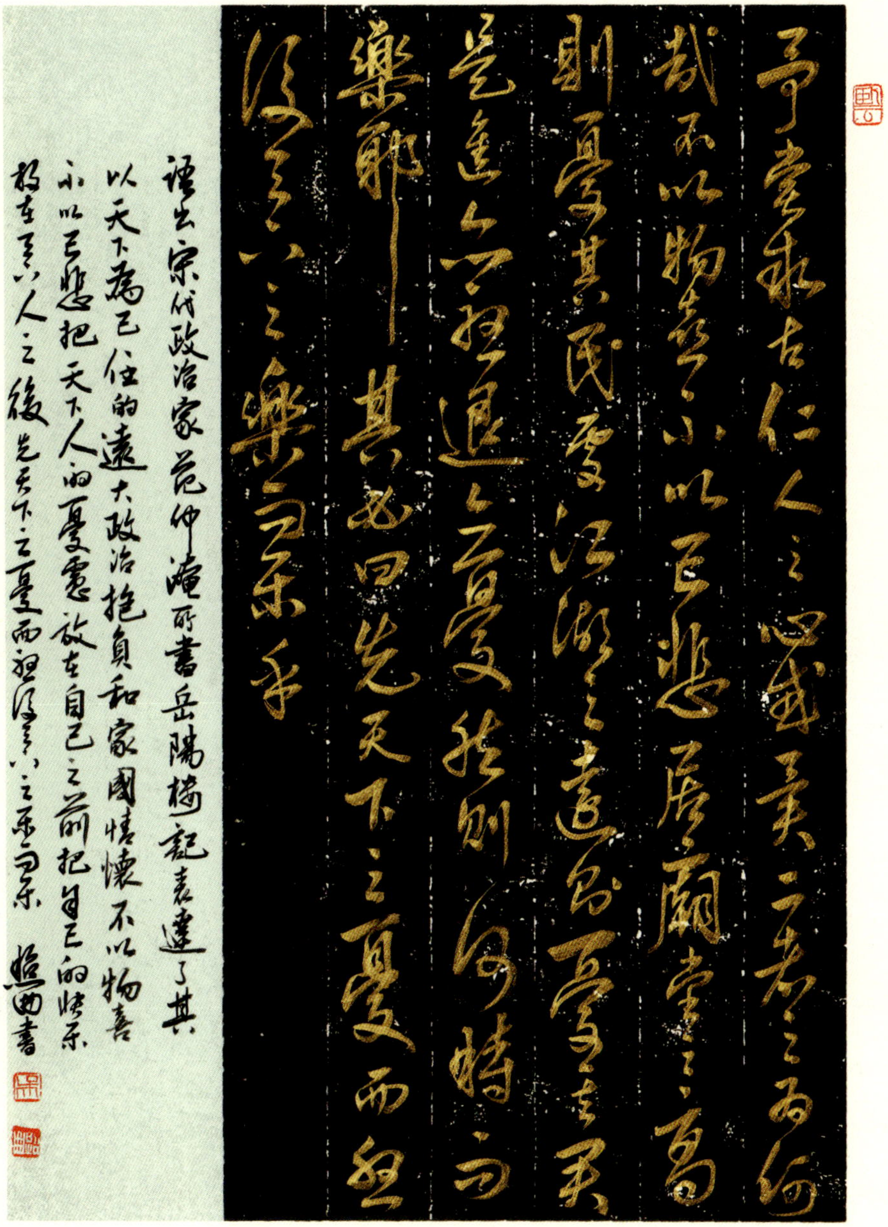

《岳阳楼记》节选

46cm×34cm

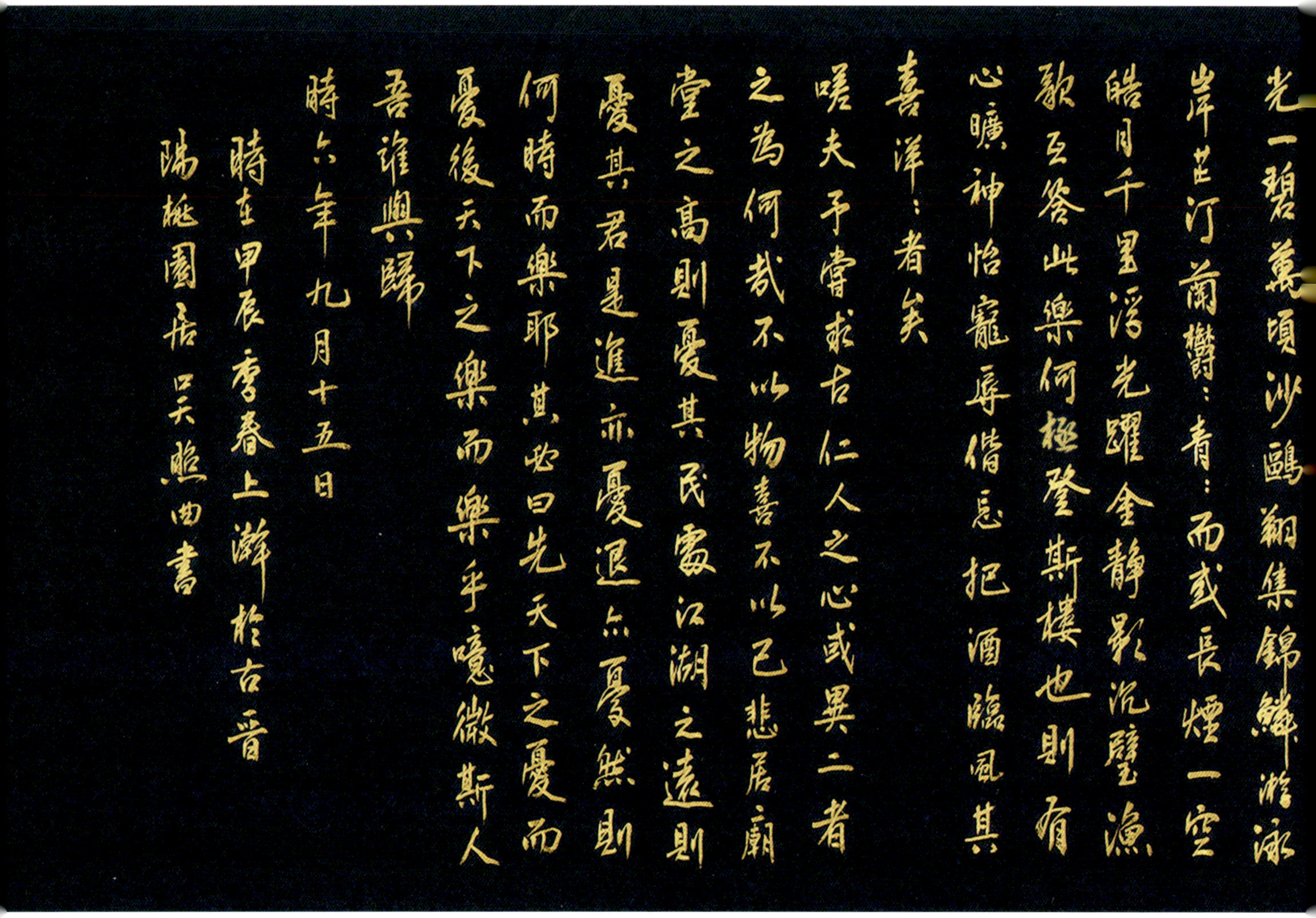

《岳阳楼记》

34cm×112cm

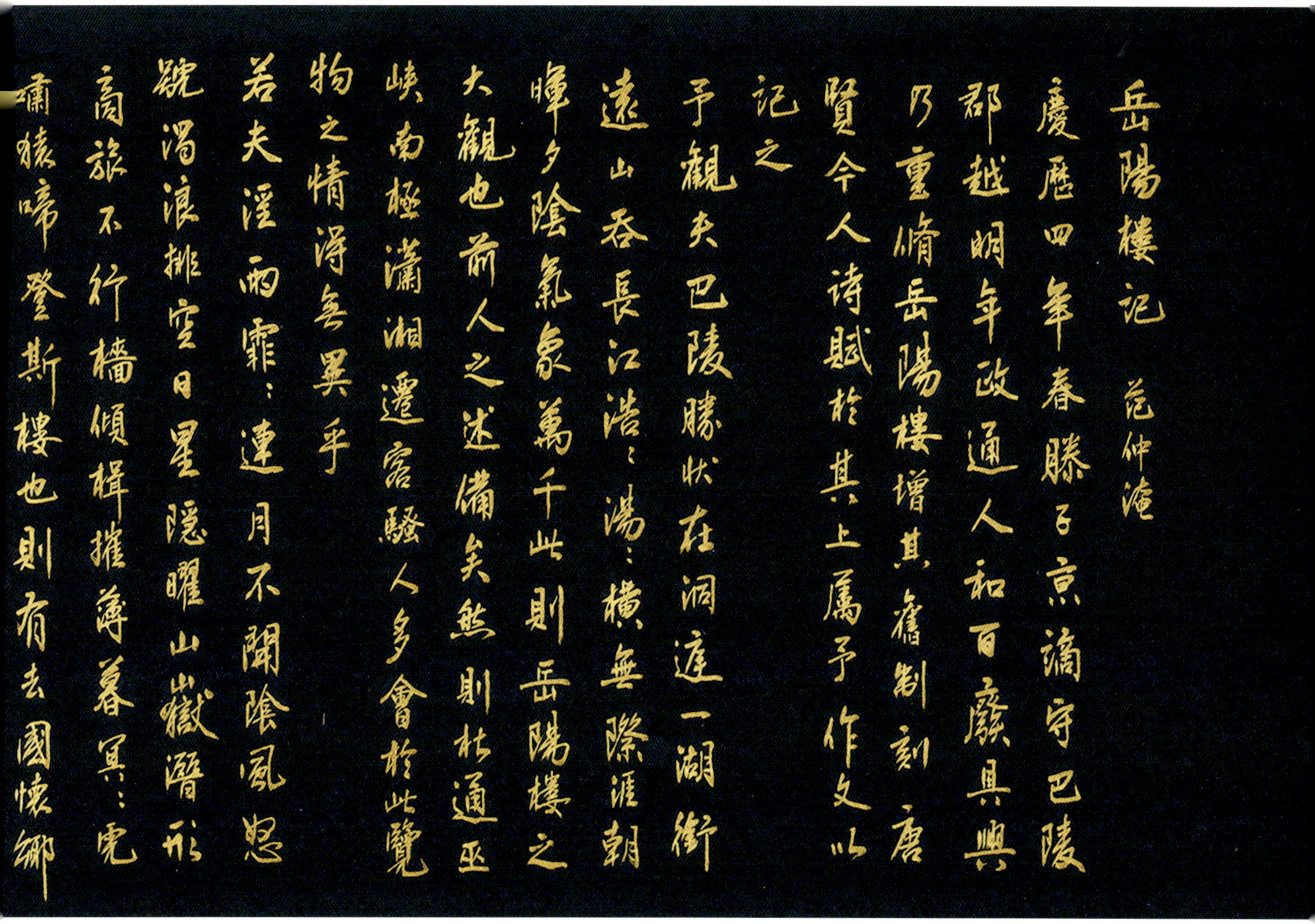

出自宋代范仲淹所作《岳阳楼记》。表达了其以天下为己任的远大政治抱负和家国情怀。“不以物喜，不以己悲”，在朝为官，就要为百姓着想；身在江湖，就要为君王担忧。“先天下之忧而忧，后天下之乐而乐”已成为历代文人士子安身立命的精神动力。

习近平总书记强调：“共产党人的忧患意识，就是忧党、忧国、忧民意识，这是一种责任，更是一种担当。”党员干部要无愧于“共产党员”称号，忠诚于党，忠诚于国，以天下为己任，不为名利金钱所折腰，全心全意为人民服务，争做人民公仆和时代先锋。

10.

不以一己之利为利，而使天下受其利；不以一己之害为害，而使天下释其害。

出自明末清初黄宗羲所作《明夷待访录·原君》。意为不要以个人利益得失作为行为标准，而要以天下利益为重；不要只关注自己是否受到伤害，而要使天下人都能免除祸害、摆脱困境。

胸怀天下、正直无私、大公无私、一心为公等一直都为古代有识之士所倡导，这也正是共产党员发挥先锋作用的重要标识。党员干部要有宽广的胸襟和气魄，识大体、顾大局，不忘初心使命，全心全意为人民服务。

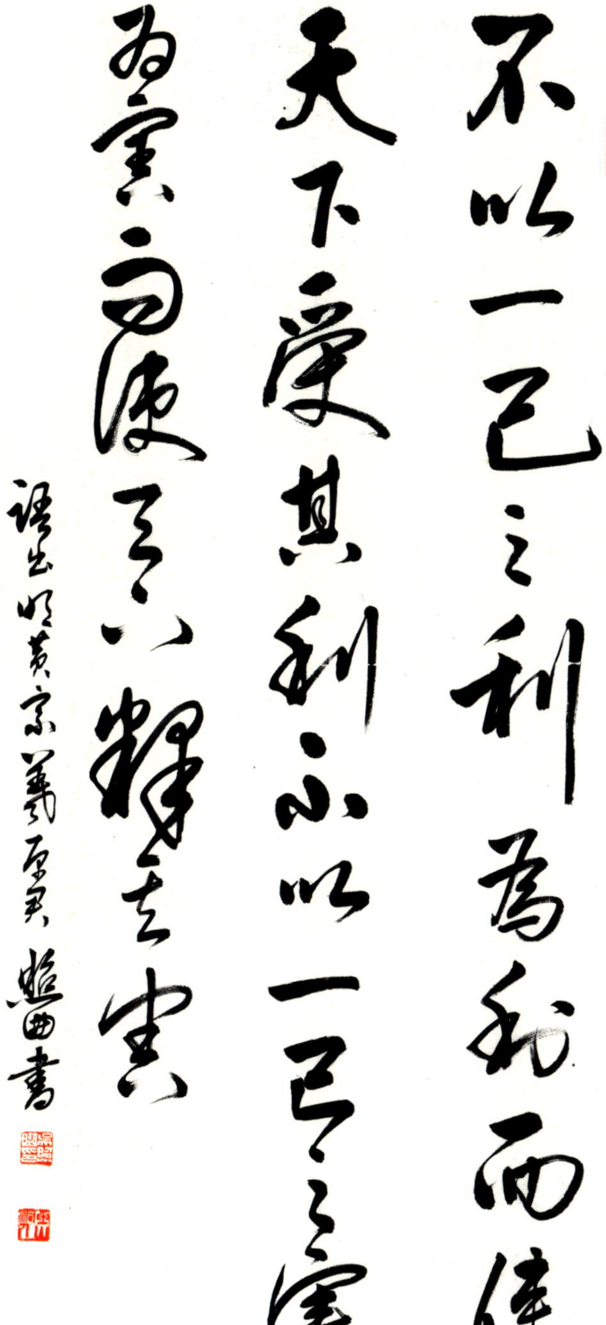

《明夷待访录·原君》节选

138cm×69cm

11.

天下顺治在民富，天下和静在民乐，天下兴行在民趋于正。

出自明代王廷相所作《慎言·御民篇》。意为百姓富裕，国家就会安顺太平；百姓快乐，国家就会和平清静；民风醇正，国家就会兴旺昌盛。

中国式现代化是全体人民共同富裕的现代化，让人民物质富足、精神富有是社会主义现代化的根本要求。新时代新征程，要始终把人民放在最高位置，多谋民生之利，多解民生之忧，顺应人民群众对美好生活的向往，保障人民群众追求幸福生活的根本权益。

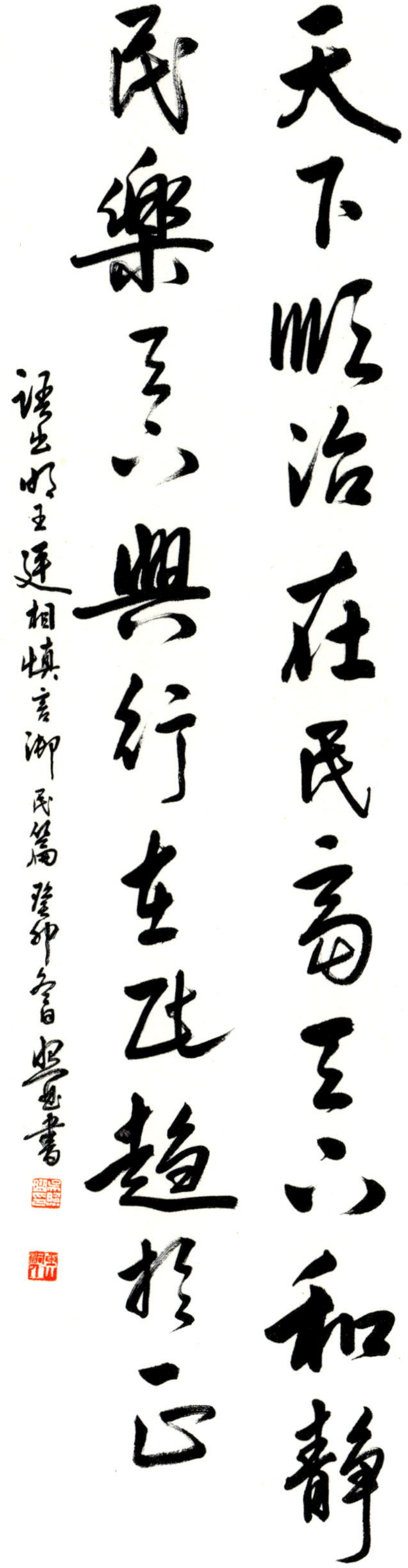

《慎言·御民篇》节选

180cm×49cm

12.

人之有德于我也，不可忘也；
吾有德于人也，不可不忘也。

出自西汉时期刘向《战国策·魏四》。意为做人应知恩图报，施恩而无所求。

人民是我党执政的最大底气，是强党兴国的坚实根基。百年来，中国共产党取得的所有成就，都是依靠人民、团结人民同心奋斗的结果。共产党人要保持对人民的感恩之心，永远不辜负人民的重托和信任。

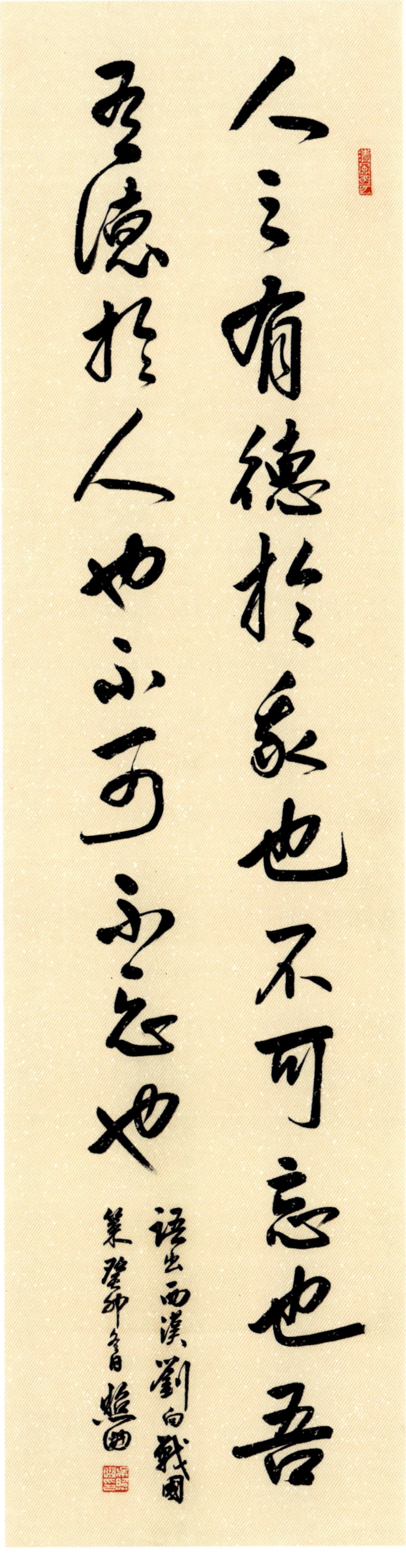

《战国策·魏四》节选

180cm×49cm

［楹联对联］

1.

同声相应，同气相求，同人共乐千秋节；
乐不可无，乐不可极，乐事还同万众心。

此楹联书于太原市晋祠同乐亭（现为傅山纪念馆）。联语从“同乐”嵌字，上联中有三个“同”、一个“乐”；下联有三个“乐”、一个“同”，回环往复，含义隽永。意为志趣相同、气质相类的人会求同存异，与天下人同乐共存；乐既不可无，也不可过度，而且要把自己的欢乐与万众一起分享，独乐乐不若众乐乐。

共享是中国特色社会主义的本质要求，是社会主义公平正义的集中体现。想人民之所想，乐人民之所乐，让广大人民群众共享改革发展成果是中国共产党人最大的快乐。

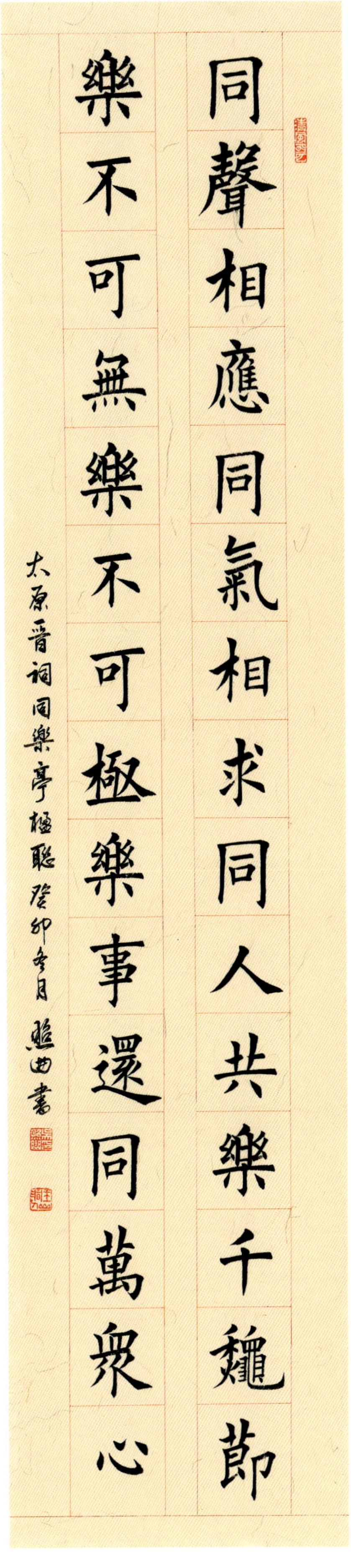

山西省太原市晋祠同乐亭楹联

180cm×41cm

2.

宽一分，民多受一分赐；
取一文，官不值一文钱。

此楹联现悬挂于山西省霍州古署衙大堂西耳房刑厅。意为如果官员对百姓宽容一分，那么百姓就能多得一份实惠；而如果官员贪取一文钱，那么他在百姓心中的价值就连一文钱也不值了。上联提倡对民实行惠政，下联则是诫勉属官务守清廉。据记载，这一防腐创意联是明代南安知府张津题写于浙江海宁谯楼的题联，后一直成为无数为官者的座右铭。

为民、务实、清廉是我们党的光荣传统，是对领导干部党风廉政建设的要求。广大党员干部应当以此联为诫，始终坚持人民至上，增强服务意识、服务本领，将人民赋予的权力用来为人民谋利益，绝不能为个人谋取私利。

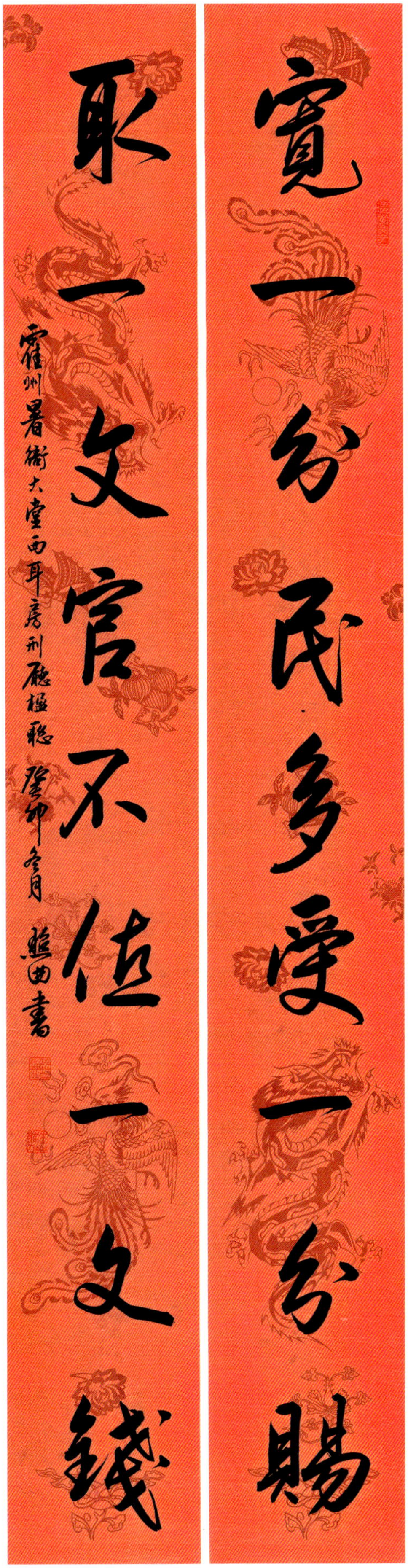

山西省霍州古署衙
大堂西耳房刑厅楹联

180cm×48cm

3.

为政不在言多，须息息从省身克己而出；
当官务持大体，思事事皆民生国计所关。

此楹联为清代嘉庆年间云贵总督赵慎畛在桂林府衙所撰写。意为为官从政不要夸夸其谈，而要少说空话、多办实事，时时反省自己，做到克己奉公；作为地方官，办事要有大局观念，想事要从百姓需要和国家利益出发。

克己奉公、一心为公是一切公职人员应有的品德、操守，要常修为政之德、常怀律己之心、常思贪欲之害，正确对待人民赋予的权力，做到权为民所用，情为民所系，利为民所谋。

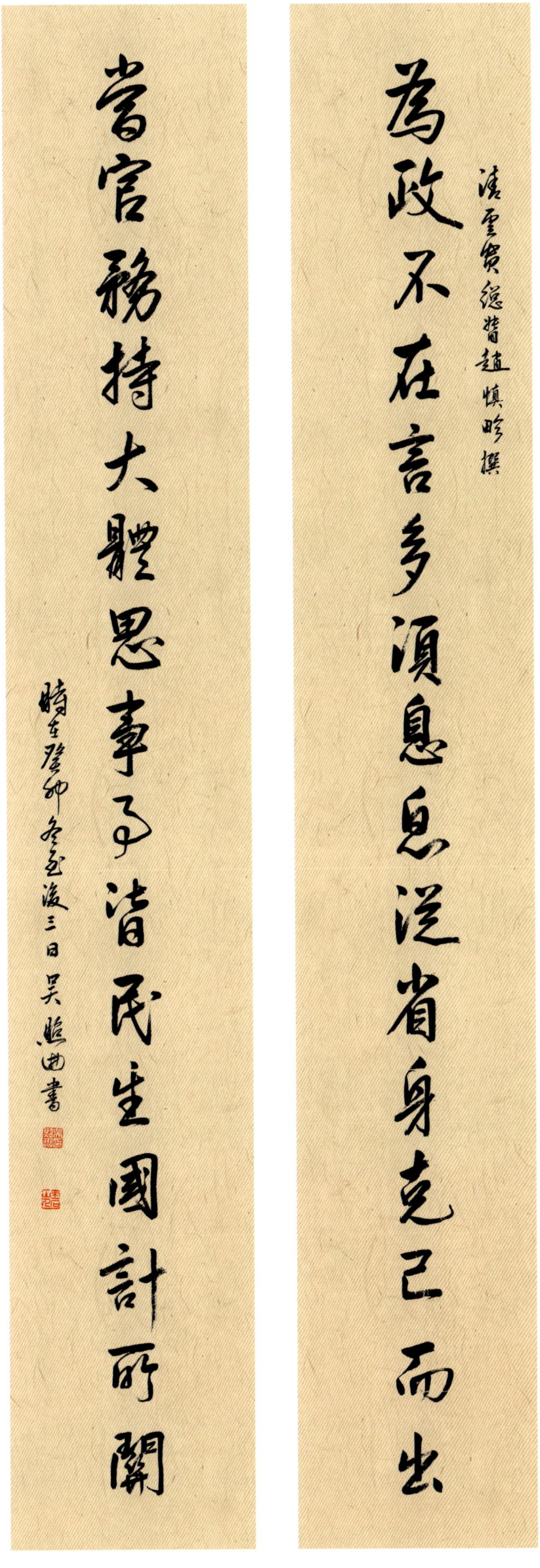

广西省桂林府衙楹联

248cm×43cm×2

4.

与百姓有缘才来到此；
期寸心无愧不负斯民。

此楹联出自平遥县署二堂（知县日常办公或与幕僚商议政事的地方）。意为来此地做官，是与百姓的一种缘分，一定要尽心尽力地做事，做到心中无愧，对得起百姓的信任。它时刻提醒为官者要做到无愧于心、不负百姓。楹联上“愧”字少写一点，“民”字多写一点，表达为官者要多一点民心，少一点愧疚。

不负人民是中国共产党人鲜明的政治品格和崇高情怀。广大党员干部要站稳人民立场，履职尽责、率先垂范，做无愧于党、无愧于人民、无愧于心的表率，立足新时代，展现新作为。

山西省平遥县署二堂楹联

180cm×48cm

5.

得一官不荣，失一官不辱，勿说一官无用，地方全靠一官；

吃百姓之饭，穿百姓之衣，莫道百姓可欺，自己也是百姓。

此楹联悬挂于河南省内乡县衙三省堂，为清代康熙年间内乡知县高以永所撰。上联是讲要正确对待官职，能上能下，荣辱不惊，但既然当官就要勤政为民，造福一方。下联是讲要正确对待百姓，官员也是百姓的一员，为官者应尊重百姓，爱民如身。对联以朴实的语言阐明了如何正确对待官职，以及如何正确认识官民之间的辩证关系。

共产党员永远是劳动人民中的普通一员，每个党员都没有特权，唯一有的“权力”就是全心全意为人民服务。要积极担当作为，实现好、维护好、发展好最广大人民的根本利益。

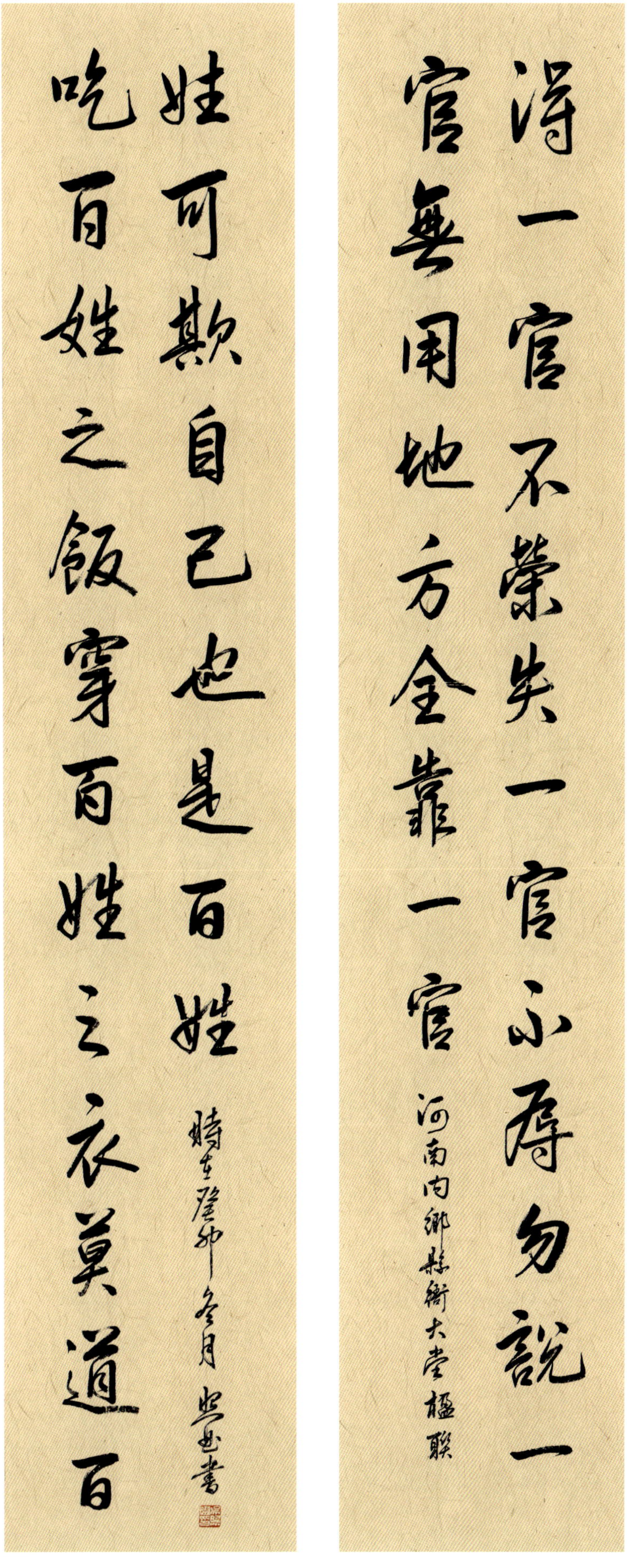

河南省内乡县衙三省堂楹联

216cm×43cm×2

翰墨清风

第二部分

廉政之道

[诗句格言]

1.

吏不畏吾严而畏吾廉，民不服吾能而服吾公；公则民不敢慢，廉则吏不敢欺；公生明，廉生威。

据考证，这则公廉官箴最早出自明代著名理学家曹端，后由明代山东巡抚年富再创作，增加“公生明，廉生威”，被后世所盛传。意为下属敬畏我，不在于我严厉而在于我廉洁；百姓信服我，不在于我有才干而在于我办事公正。公正则百姓不敢怠慢，廉洁则下属不敢欺蒙。处事公正才能明辨是非，做人廉洁才能树立威信。

“公生明，廉生威”一直被古代官吏当作为官之道，对新时代领导干部廉洁从政意义也极为深刻。广大党员干部更应当保持秉公用权、清正廉洁的光荣传统和优良作风，以无私无畏、公正廉明的浩然之气，不断增强党的威信，巩固党的执政之基。

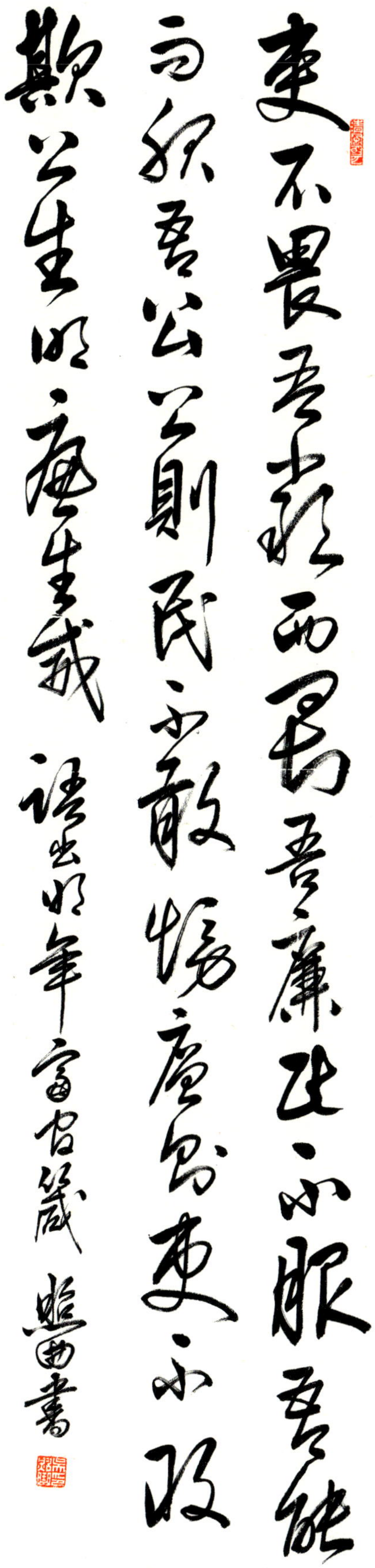

明代山东巡抚年富语

180cm×49cm

2.

诚欲正朝廷以正百官，当以激浊扬清为第一要义。而其本在于养廉。

出自明末清初著名学者顾炎武所作《与公肃甥书》。意为要兴国安邦必须先正百官，应以激浊扬清为第一要旨，而激浊扬清的根本在于培养廉洁的美德。

廉，为政之本。兴国安邦必须要有一个良好的政治生态。党风正则政风清，政风清则民风淳。面对纷繁复杂的利益诱惑，广大党员干部应树立正确的权力观、地位观、利益观，积极担当作为，以身作则，弘扬正气，始终保持清正廉洁的政治本色，坚定地朝着实现现代化强国、朝着中华民族伟大复兴的宏伟目标奋勇前进。

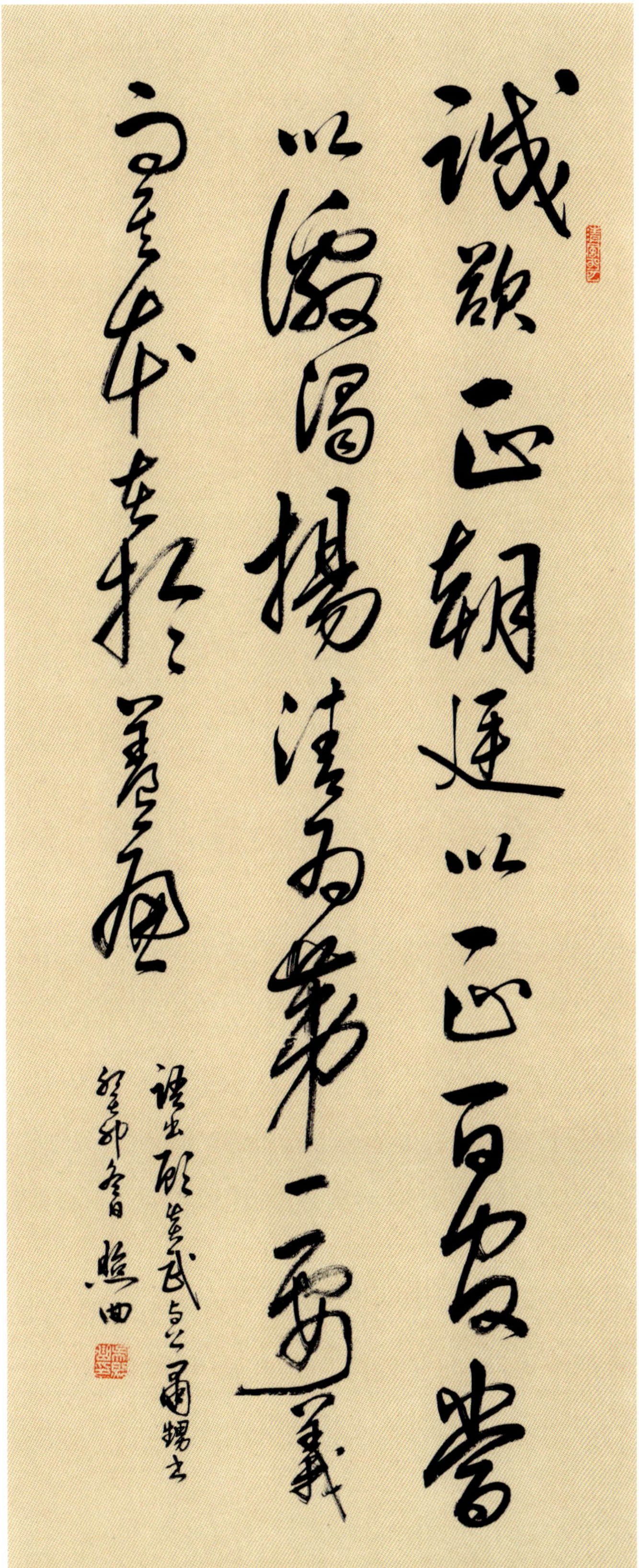

《与公肃甥书》节选

138cm×61cm

3.

以听官府之六计，弊群吏之治：一曰廉善，二曰廉能，三曰廉敬，四曰廉正，五曰廉法，六曰廉辨。

出自战国《周礼·天官冢宰》。说的是以六项标准治理官府，公允地评断官吏的治理能力，即廉洁且善于行事、廉洁且有为政能力、廉洁且敬忠职守、廉洁且秉承公正、廉洁且恪守律法、廉洁且明辨是非。“六廉”首次提出了廉能并重、以廉为本的思想，为历代官员为政之道确立了价值标准与行为准则。

廉洁从政更是新时代党员干部的立命之本、从政之要。要常思廉政之德、常怀敬畏之心、常思律己之道，守廉于心，践廉于行。

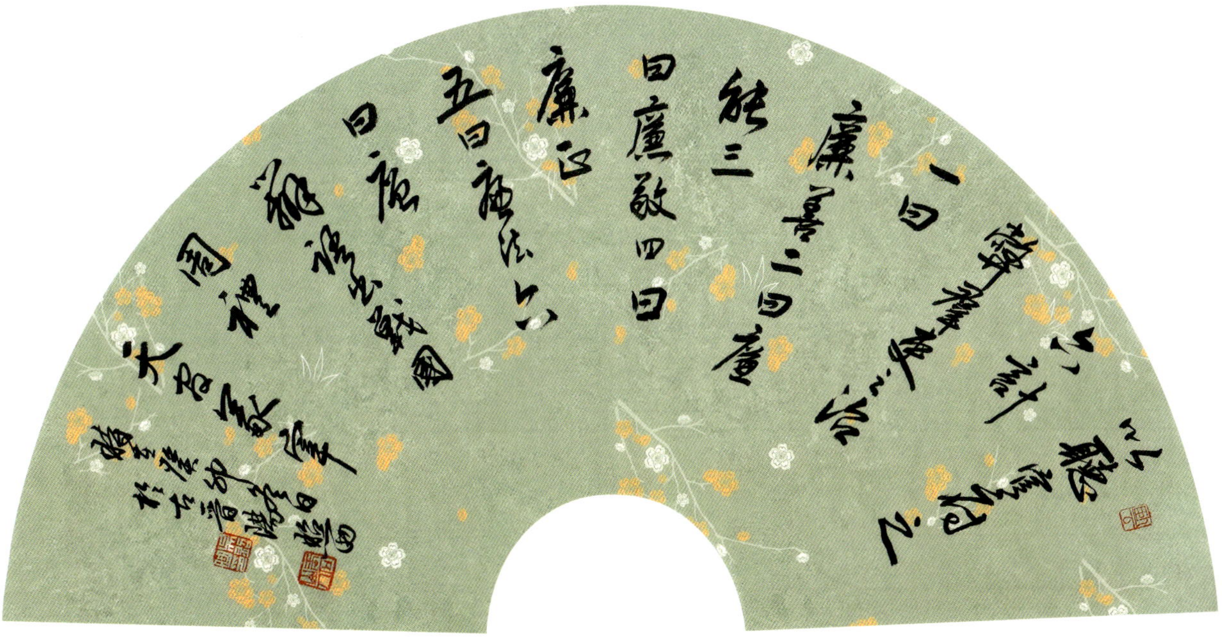

《周礼·天官冢宰》节选

28cm×55cm

4.

物必先腐也，而后虫生之。

出自北宋时苏轼所著《范增论》，收录在《古文观止》卷十。原文为："物必先腐也，而后虫生之；人必先疑也，而后谗入之。"意为事物总是自身先有弱点，然后才会被外物所侵蚀。

外界的利益"围猎"是腐败产生的重要因素，但主体自身的理想信念动摇和价值观扭曲才是腐败的本质原因。坚定理想信念，坚守共产党人的精神追求，始终是共产党人安身立命的根本。

《范增论》节选

98cm×36cm

5.

不矜细行，终累大德。

出自《尚书·周书·旅獒》。意为在细小的行为上不慎重，终究会连累到大的道行。

千里之堤，溃于蚁穴。腐败常始于微末之处，一个干部腐化变质几乎都是从小事小节开始的。由此，各级领导干部必须谨言慎行，从注重小事小节做起、从自身做起，保持尚俭从廉、艰苦奋斗、严于律己的优良作风。

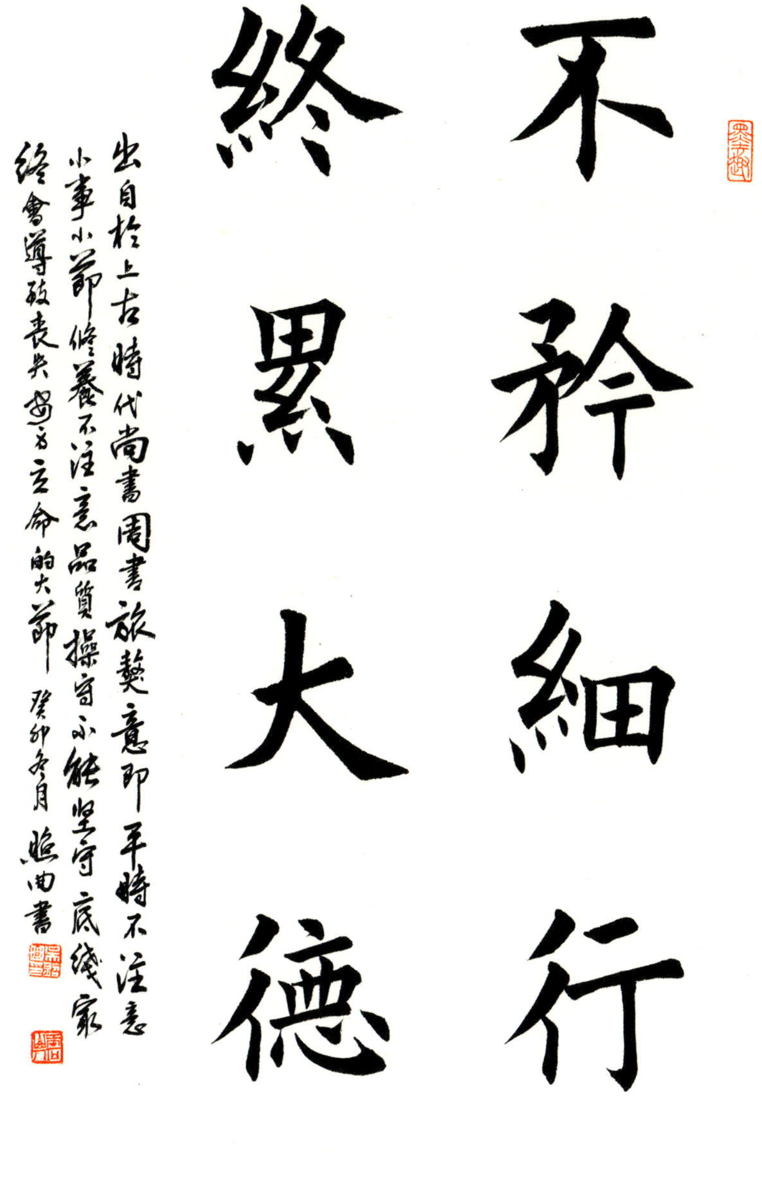

《尚书·周书·旅獒》节选

69cm×46cm

6.

千人之诺诺，不如一士之谔谔。

出自西汉时期司马迁所作《史记·商君列传第八》。意为上千人唯唯诺诺地随声附和，不如一个正直的人直言相告来得可贵。忠诚正直、刚正不阿、仗义执言一直为世人所倡导。

对党忠诚、实事求是、敢于担当、敢于斗争是共产党人鲜明的政治品格。党员干部要站稳政治立场，守纪律、守规矩、守底线，敢于批评和自我批评，敢于向歪风邪气“亮剑”，敢于同消极腐败现象作斗争，保持党的先进性和纯洁性。

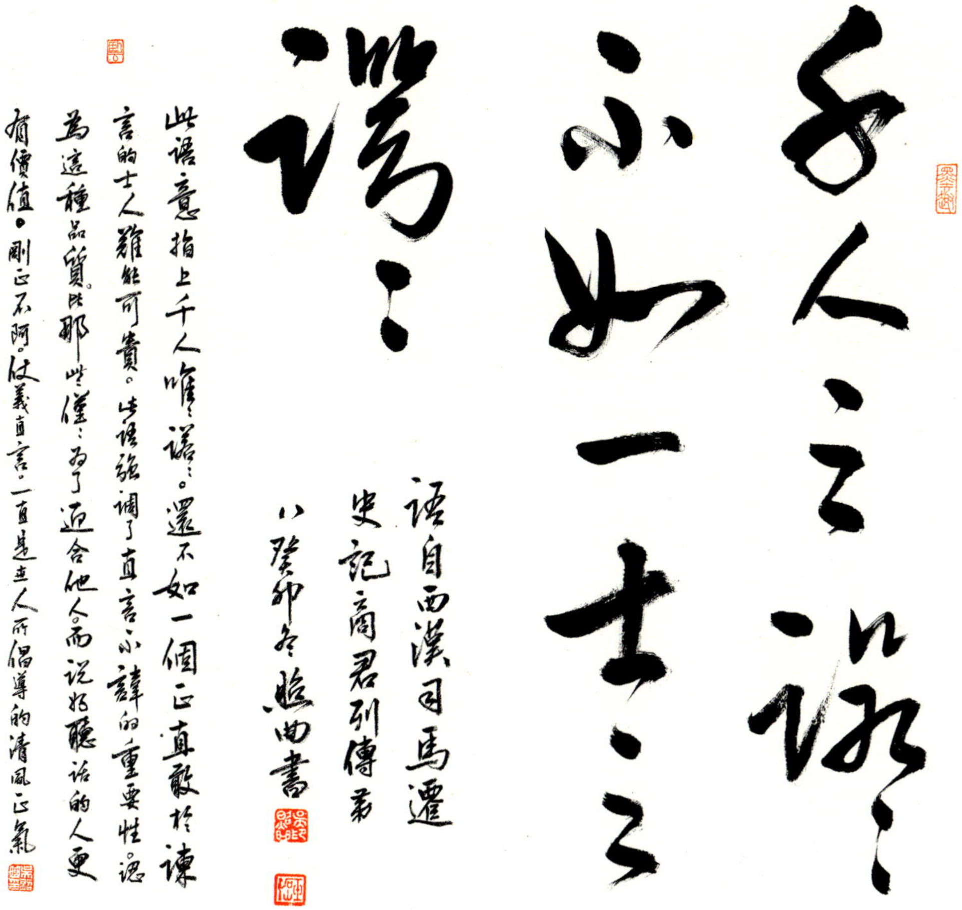

《史记·商君列传第八》节选

69cm×68cm

7.

天下之事，不难于立法，而难于法之必行。

出自明代张居正所作《请稽查章奏随事考成以修实政疏》。意为天下大事，困难的不在于要制定什么样的法律，而在于立了法就一定要执行。早在战国时期，《周礼》中就提出把“廉法”作为“六廉”之一。法规制度的生命力就在于执行。否则，法规制度就会空有虚名，成为摆设。

党纪严于国法，我党对党员干部提出了更高标准和更为严格的要求，领导干部要强化制度意识，提高制度执行力，带头维护制度权威，做制度执行的表率。

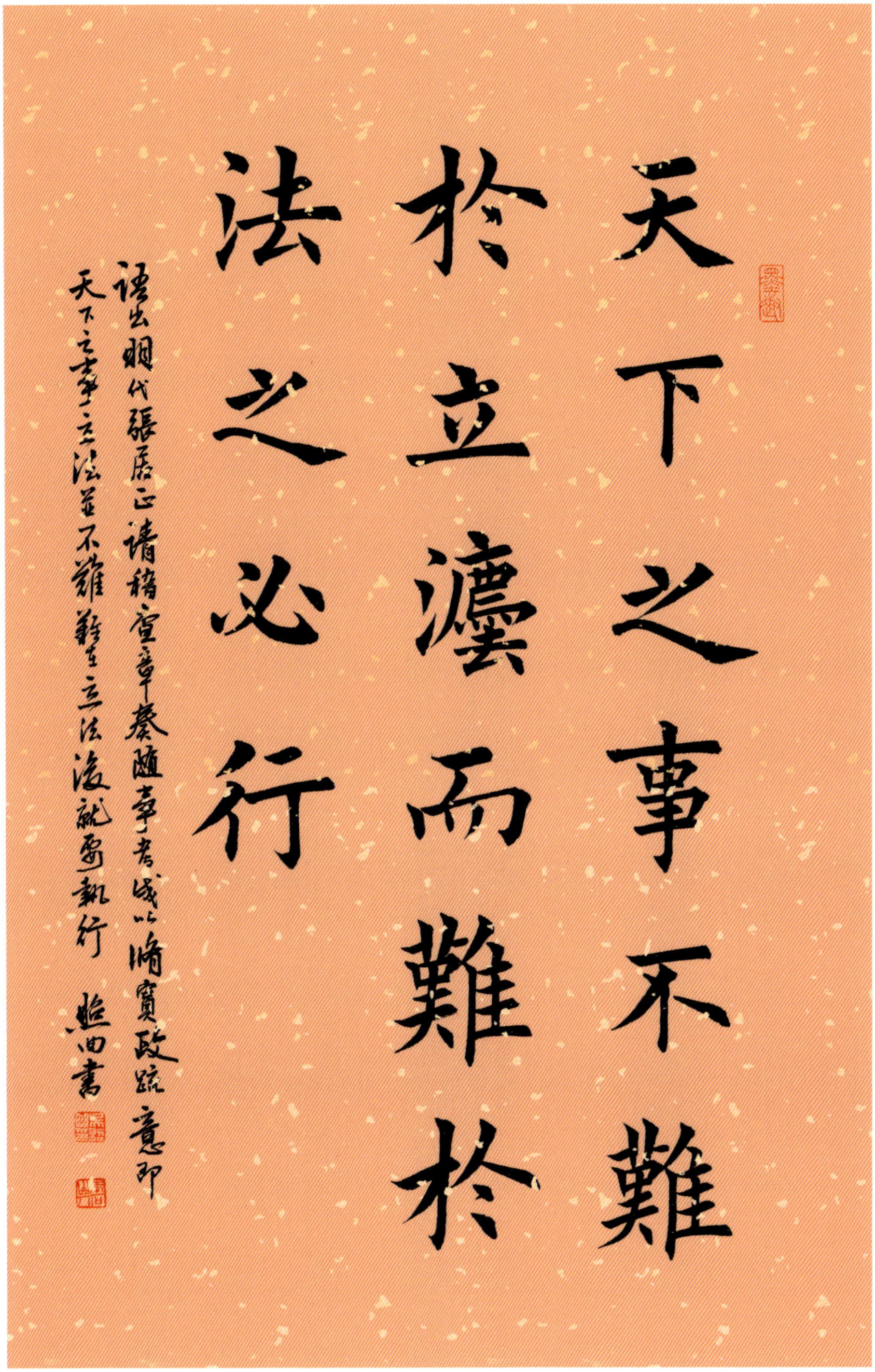

《请稽查章奏随事考成以修实政疏》节选

69cm×46cm

8.

立善法于天下，则天下治；
立善法于一国，则一国治。

出自北宋时期王安石所作《周公》。意为在天下设立好的法制，天下就会太平；在一国制定好的法制，一国就会太平。

推进国家治理体系和治理能力现代化，必须高度重视法治问题。党员干部要牢固树立纪律和规矩意识，敬畏权力、敬畏法纪，依法用权、严格执纪，用人民赋予的权力为人民谋福祉。

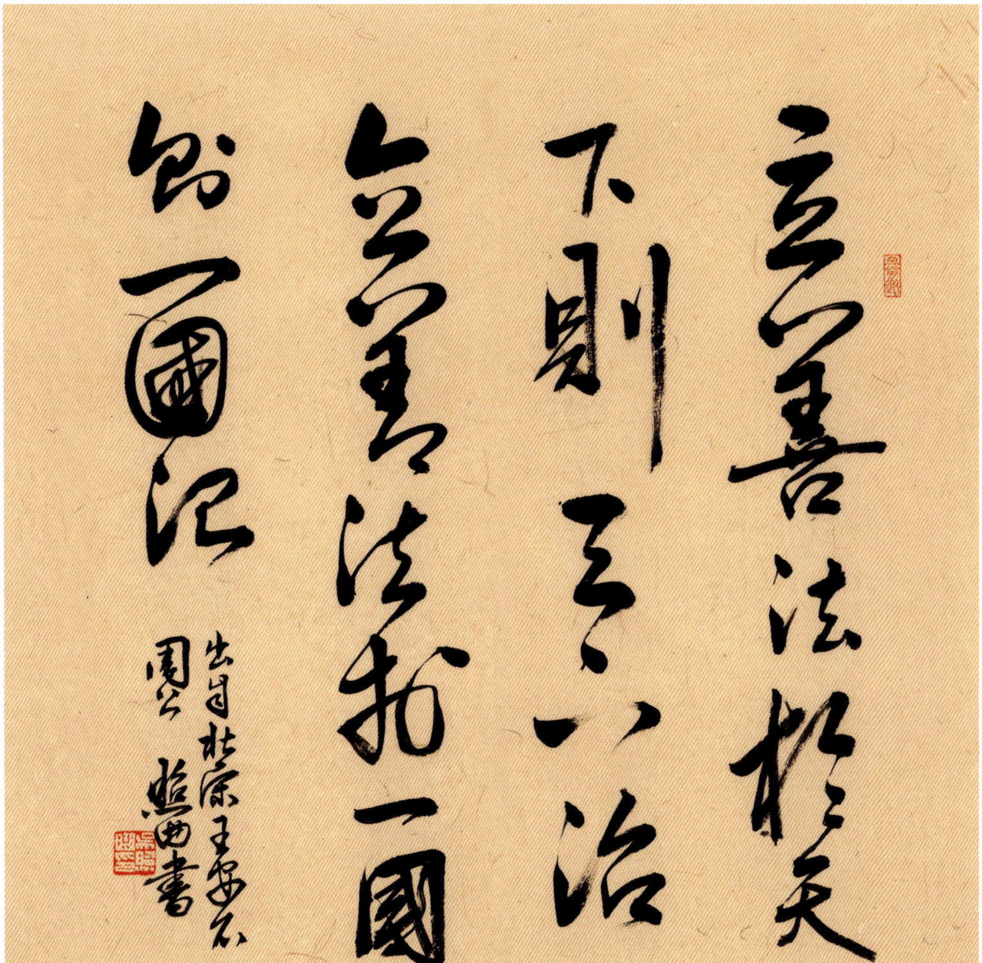

《周公》节选

69cm×68cm

9.

法不阿贵，绳不挠曲。

出自战国末期韩非的《韩非子·有度》。意为法律不偏袒有权有势的人，墨线不向弯曲的地方倾斜。法律制度是公正公平的，法律面前人人平等。

执行纪律没有例外，党内决不允许存在不受纪律约束的特殊组织和特殊党员。公职人员、党员干部一旦发生违纪违法行为，必将受到党纪国法的严厉惩处。

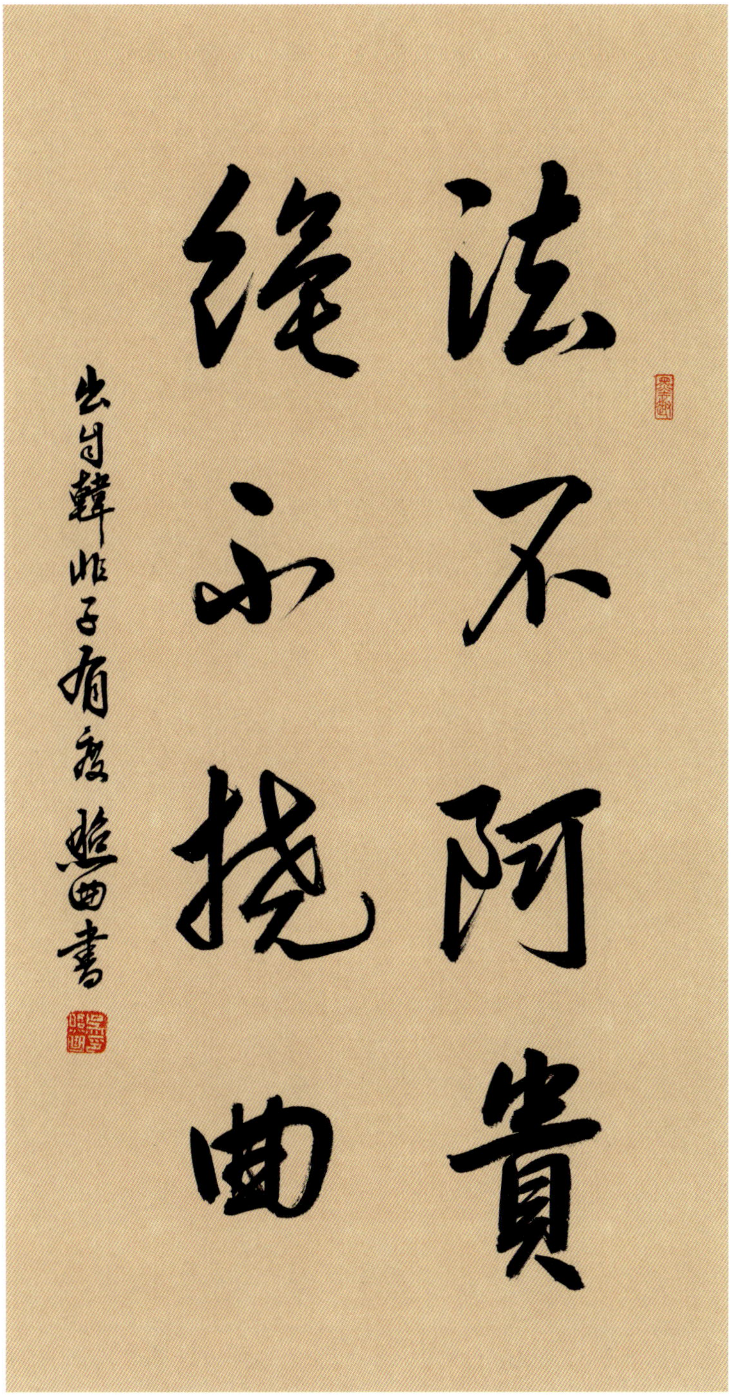

《韩非子·有度》节选

90cm×48cm

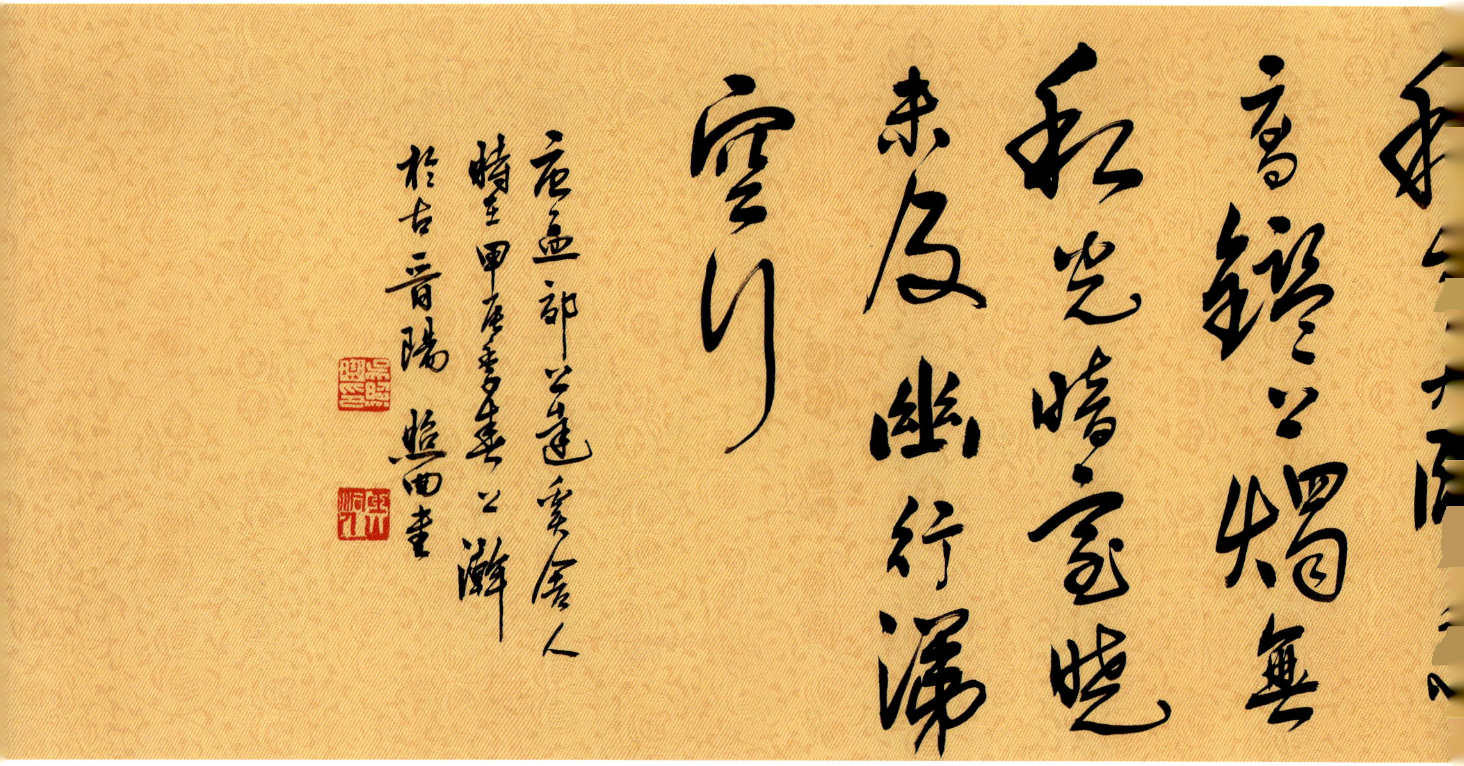

10.

北山少日月，草木苦风霜。贫士在重坎，食梅有酸肠。
万俗皆走圆，一身犹学方。常恐众毁至，春叶成秋黄。
大贤秉高鉴，公烛无私光。暗室晓未及，幽行涕空行。

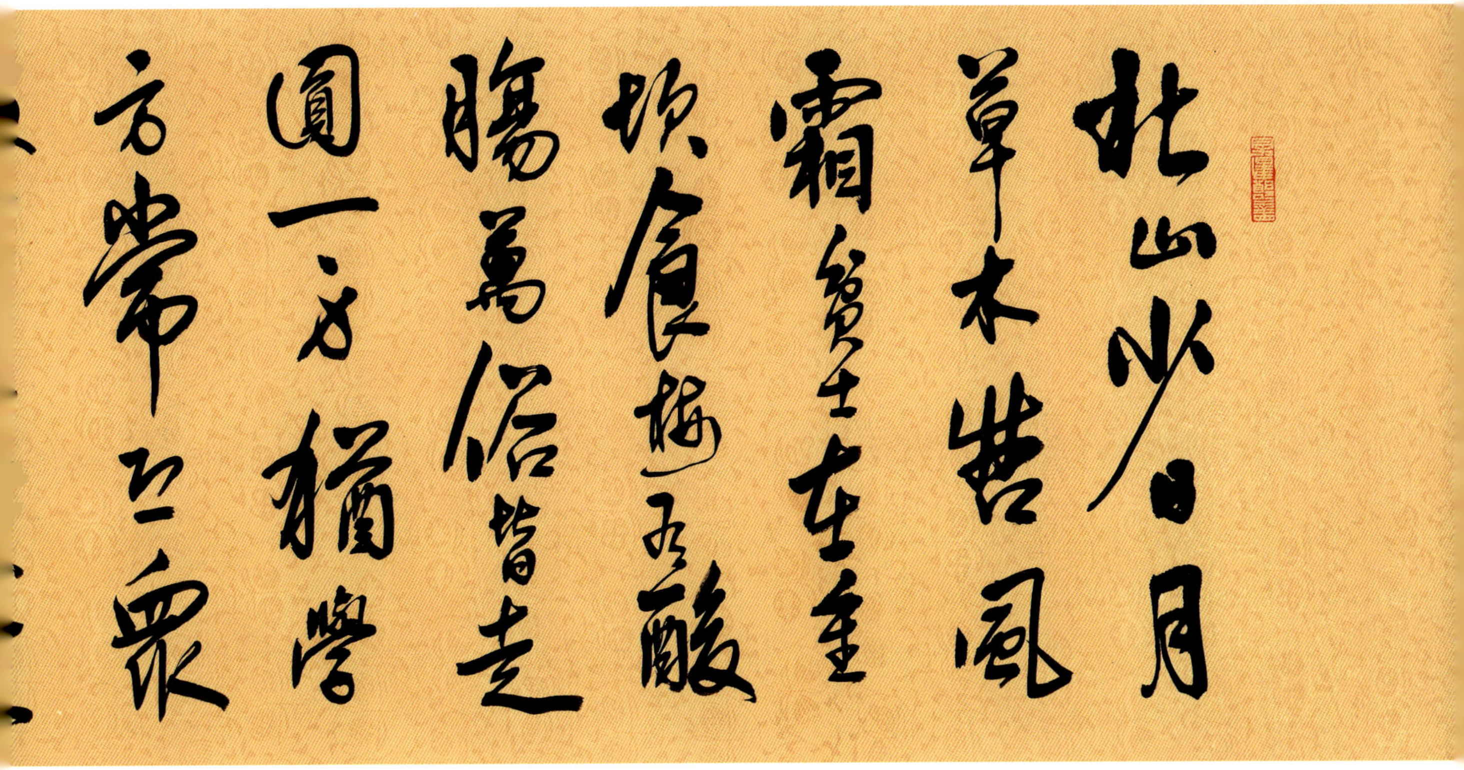

《上达奚舍人》

49cm×180cm

出自唐代诗人孟郊写的一首干谒诗《上达奚舍人》。意为山的北坡见不到日月，花草树木苦于被风吹霜打。贫士运气不佳，艰难坎坷，连吃梅子都感受到生活的辛酸。世俗之人都趋向圆滑，只有我一人效法刚直不阿。我常常担心被众人毁谤，春天生机勃勃的树叶在秋天变得枯黄凋零。大贤（达奚舍人）明镜高悬，能鉴别人的贤良与不肖，并且在鉴别人才上一秉至公，毫无私心。我在暗室里没有等到天亮，孤独地行走着，流下了伤心的泪水。

忠于党、忠于人民、无私奉献是共产党人的优秀品质，也是老一辈革命家和无数优秀共产党员树立的光辉典范。新时代新征程，各级党组织要坚持党管干部的原则，坚持正确用人导向，秉公用权，任人唯贤，努力做到选贤任能、用当其时，知人善任、人尽其才。广大党员干部要胸怀天下、志存高远，勇于担当、克己奉公，永葆党员干部的公仆本色。

11.

三年为刺史，饮冰复食檗。
唯向天竺山，取得两片石。
此抵有千金，无乃伤清白。

此诗为唐代诗人白居易所作《三年为刺史二首·其二》。作者用“饮冰”二字比喻心忧国事，用“食檗”二字比喻苦口规谏，以此表达其在杭州为官三年，生活清苦，两袖清风，为民做实事的情怀。作者还对临别之际取两片石头留作纪念一事忐忑不安，担心其清白受到损害。

这种清廉品质和自省精神对当今共产党人仍有借鉴和教育意义。党员干部要时刻警醒自己，严于律己、清正廉洁，及时纠正自身存在的问题和不当行为，筑牢拒腐防变的坚固堤坝。

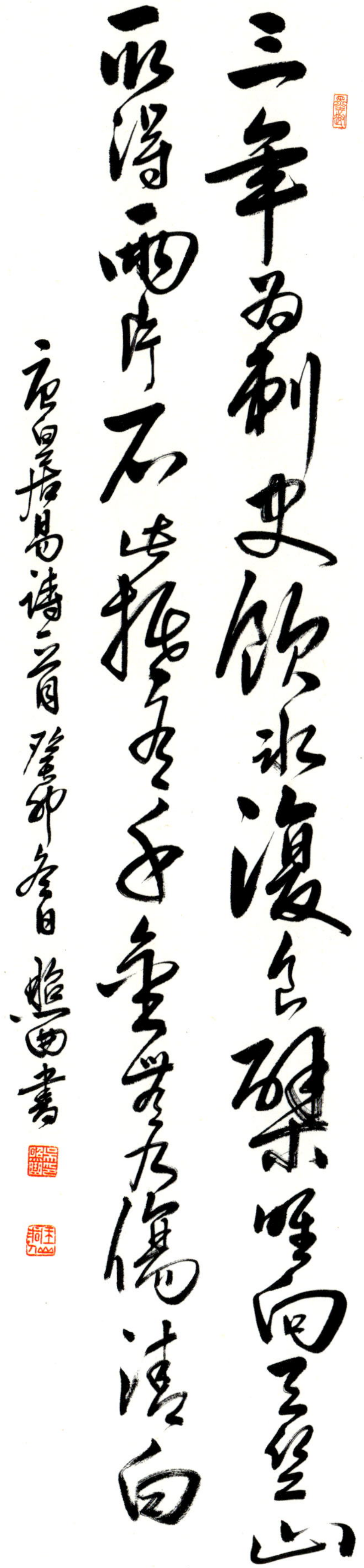

《三年为刺史二首·其二》节选

138cm×34cm

12.

世之廉者有三：有见理明而不妄取者，有尚名节而不苟取者，有畏法律保禄位而不敢取者。见理明而不妄取，无所为而然，上也；尚名节而不苟取，狷介之士，其次也；畏法律保禄位而不敢取，则勉强而然，斯又为次也。

出自明代薛瑄所著《从政录》。意为廉洁有三重境界：第一是明白事理，不任意获取礼物；第二是珍惜名节，不随意获取钱物；第三是畏惧法律制裁、怕失去官位，不敢获取财物。

"不妄取""不苟取""不敢取"从靠觉悟、保名节到畏纪法，与新时代全面从严治党、一体推进"三不腐"重要方略有异曲同工之妙，即充分实现不敢腐的惩治震慑、不能腐的制度约束、不想腐的思想觉悟，三者贯通整合、一体推进，不断提升反腐败的综合治理效能。

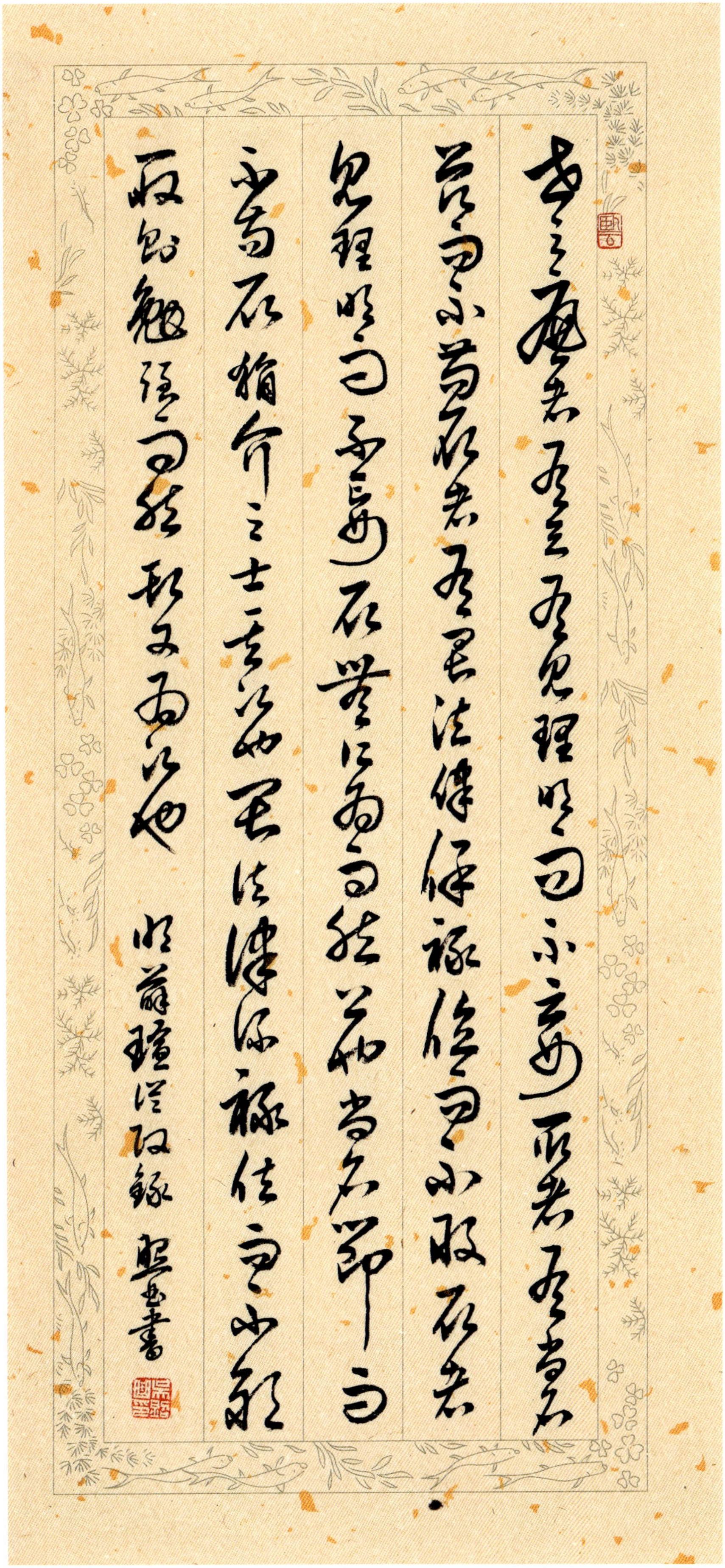

《从政录》节选

62cm×30cm

13.

咬定青山不放松，立根原在破岩中。
千磨万击还坚劲，任尔东西南北风。

本诗为清代郑板桥所作《竹石》，是为其自作的竹石图所写的题画诗。意为竹子抓住青山一点也不放松，将根深深扎在岩石缝中。经历无数的磨难和打击仍然坚强有力，任凭东南西北风来袭。全诗描写了竹子坚韧不拔的斗争精神，紧咬青山、扎根破岩，再大的磨难打击、再大的风雨都不怕。

理想信念是共产党人的精神之“钙”，理想信念不坚定，精神上就会“缺钙”、得“软骨病”。党员干部要坚定理想信念，增强斗争意识，弘扬斗争精神，注重廉洁自律，以求真务实作风推动党中央大政方针和决策部署落地见效。

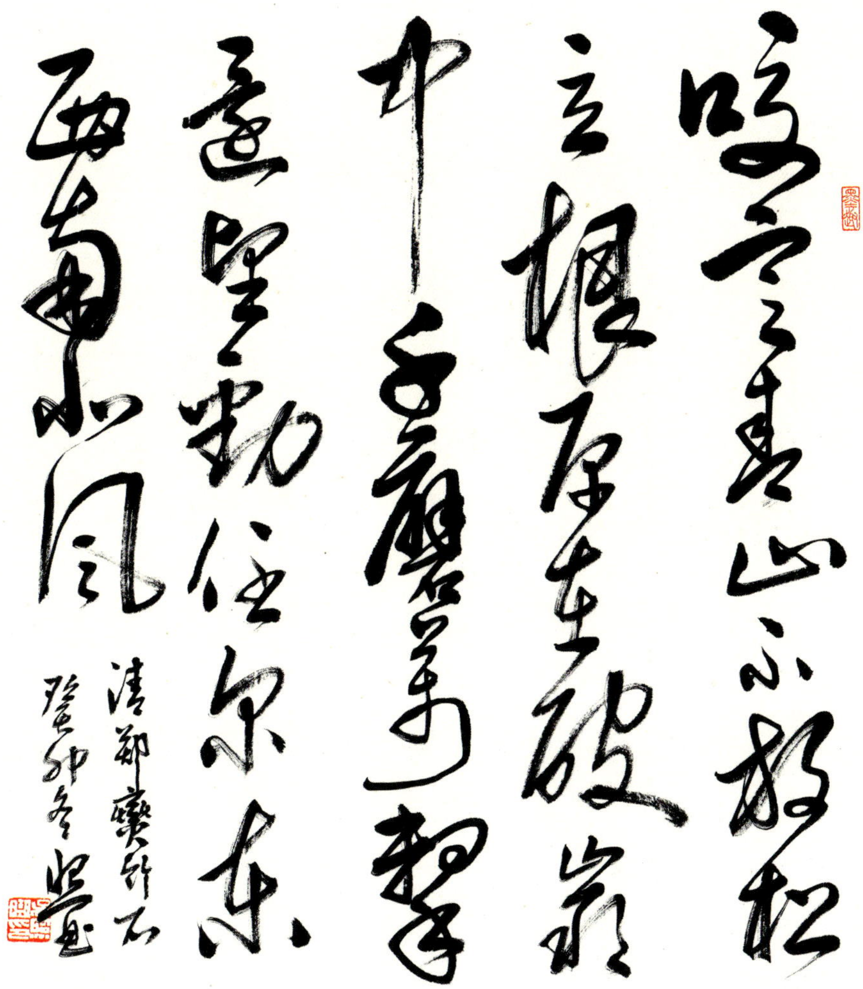

《竹石》

69cm×68cm

14.

能吏寻常见，公廉第一难。
只从明府到，人信有清官。

本诗为金末元初元好问在读史时所作的《薛明府去思口号》。意为聪明能干的官员较为常见，而公正廉洁的官员非常难得。正是因为有薛去思这样清正廉洁、为老百姓所称颂的官吏，人们才相信真有清廉正直、名留青史的清官。其实，能官与廉吏并不矛盾，中国历史上出现过许多如于成龙、狄仁杰、海瑞等品行端正、处事公道的能官廉吏。

“廉”“能”是相辅相成的，一个领导干部如果仅是廉洁或者仅能干事，都是不够全面的。党员干部要加强党性修养，提高政治能力，敢担当、善作为，能干事、干好事，既要当“能官”，又要当“廉吏”。

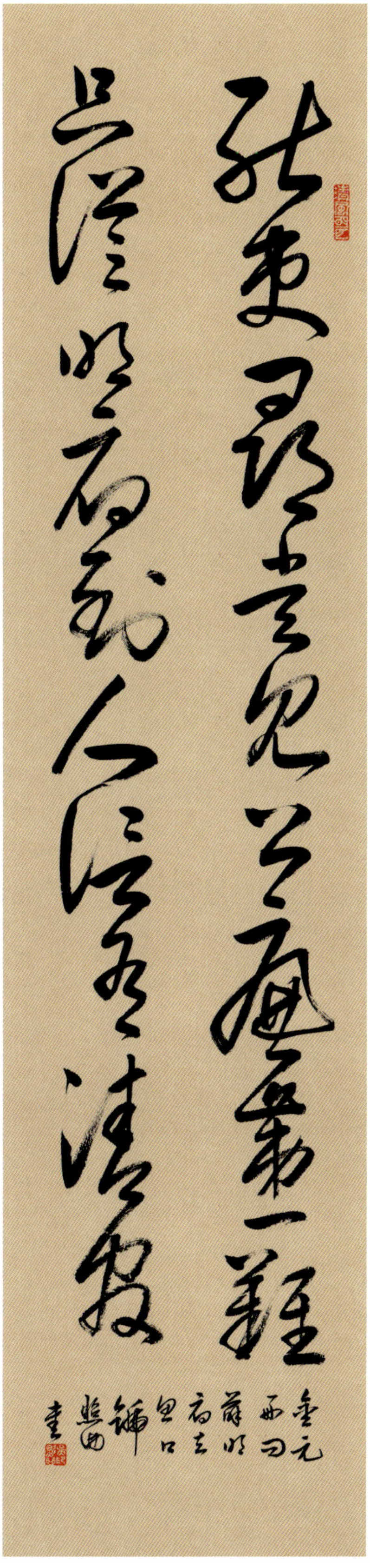

《薛明府去思口号》节选

145cm×35cm

15.

惟廉者能约己而爱人，
贪者必朘人以肥己。

出自清代张廷玉等所作《明史·循吏传》。意为只有清廉的人才能够约束自己，并且爱惜他人。贪婪者为使自己得利，必定会损害他人。在明初建时，皇帝朱元璋下定决心严惩贪腐，告诫百官要做“廉者”，不要做“贪者”。

廉洁从政与个人的思想道德品质、政治修养都密切相关，加强党性修养是共产党人廉洁从政的基础和保障。党员干部时刻不能放松对自我世界观的改造、对党性修养的锤炼，坚守初心和使命，才能扎实为群众解忧、办实事。

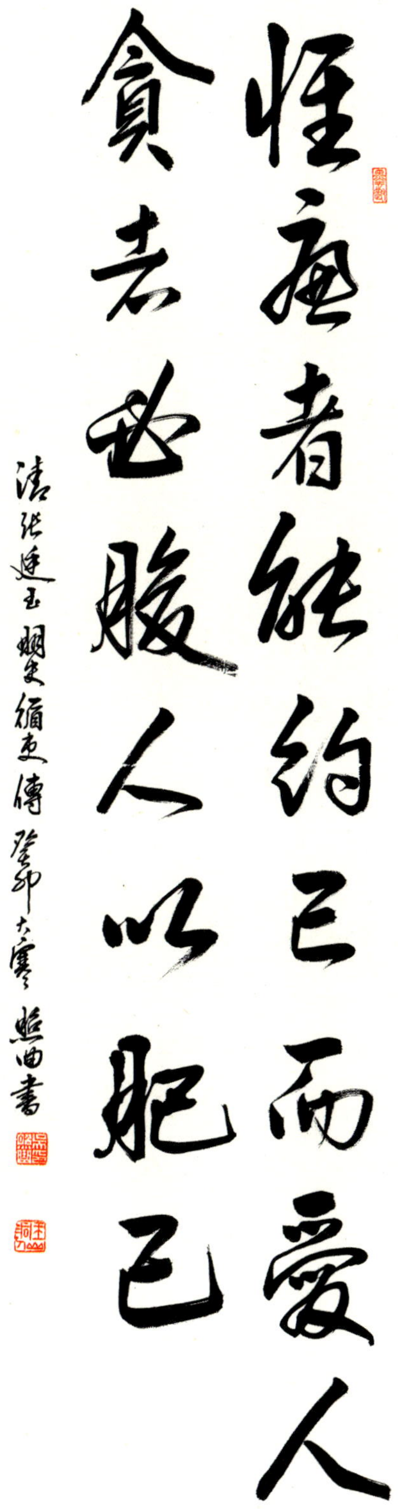

《明史·循吏传》节选

138cm×34cm

16.

惟廉而后能平，平则公矣。不廉必有所私，私则法废，民无所措手足矣。

出自明代杨士奇所作《历代名臣奏议》。意为只有廉洁才能办事公平，公平才能公正；不廉洁必定是因个人有私欲，为谋私利而破法，民众就无立足之地了。

清正廉洁是国家的政治基础，是国家安稳、人民安康的重要保障。党员干部应该时刻保持廉洁自律的品质，坚守公正无私的原则，自觉遵规守纪，守护好人民幸福安康的生活。

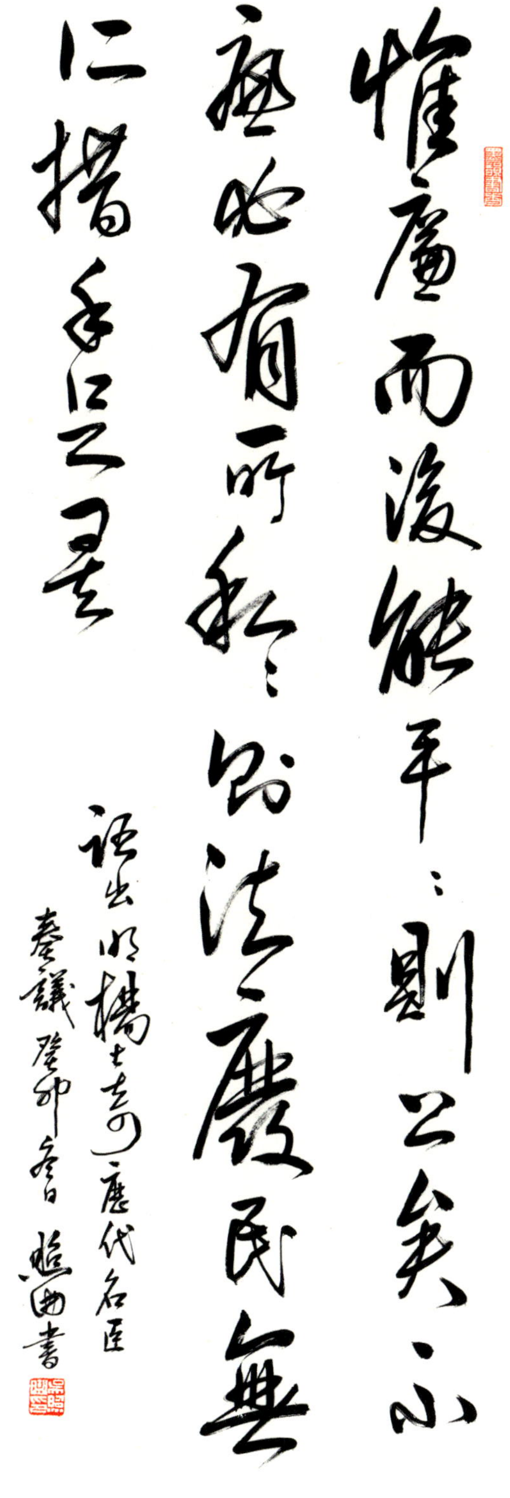

《历代名臣奏议》节选

138cm×55cm

17.

居官者廉不言贫，勤不言劳，爱民不言惠，锄强不言威，事上尽礼不言屈己，钦贤下士不言忘势。庶乎官箴无忝。

出自明代钱琦所作《钱公良测语·治本》。这则为官箴言，大意讲的是为官之要：廉洁不怕贫穷，勤政不怕劳苦，爱护百姓不图回报，铲除强暴不是为了耍威风，要对上不曲意逢迎，对下不欺凌。官员的行为和言论应当无愧于他们的职责和百姓。

为民、务实、清廉是共产党人的根本价值取向。一些党员干部、公职人员既想当官又想发财，妄想“名”“利”双收，败坏了党风政纪，污染了政治生态，最终受到党纪国法的严厉惩处。党员干部要树立正确的政绩观、权力观，正确对待公与私、权与利的关系，全心全意为人民服务。

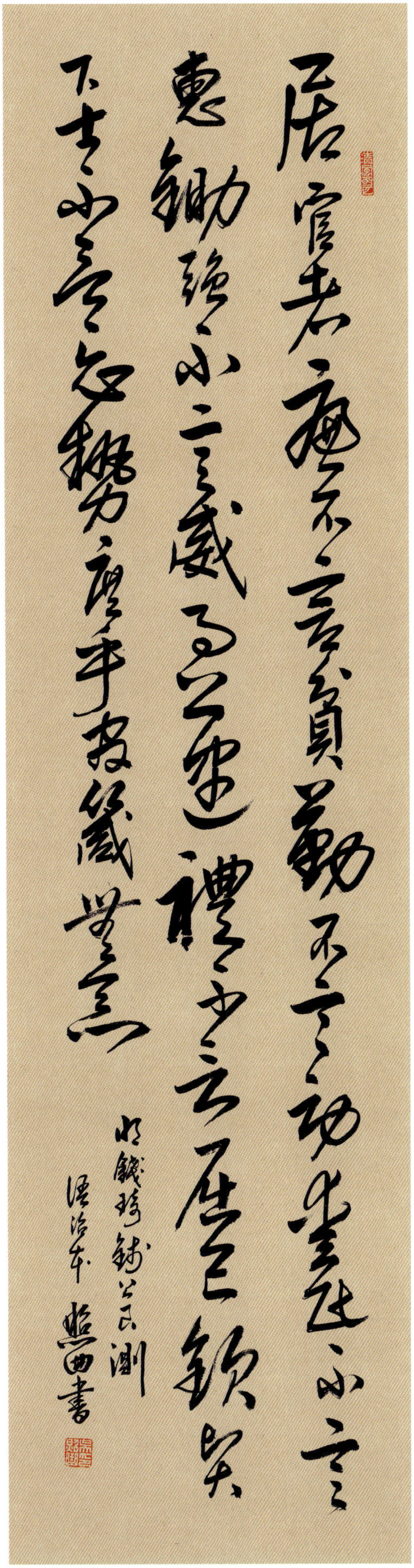

《钱公良测语·治本》节选

180cm×48cm

18.

天网恢恢，疏而不漏。

出自春秋时期老子所作《老子》（也称《道德经》），原文为“天网恢恢，疏而不失”。意为天道如大网，虽稀疏却没有漏失，现形容违法者终究难逃党纪国法的制裁。

党纪国法是国家治理的刚性约束，更是每个党员干部的戒尺和规矩。要牢固树立纪律和规矩意识，增强政治敏锐性和政治鉴别力，严格自律，坚决抵制不良利益诱惑，防范被利益集团“围猎”。

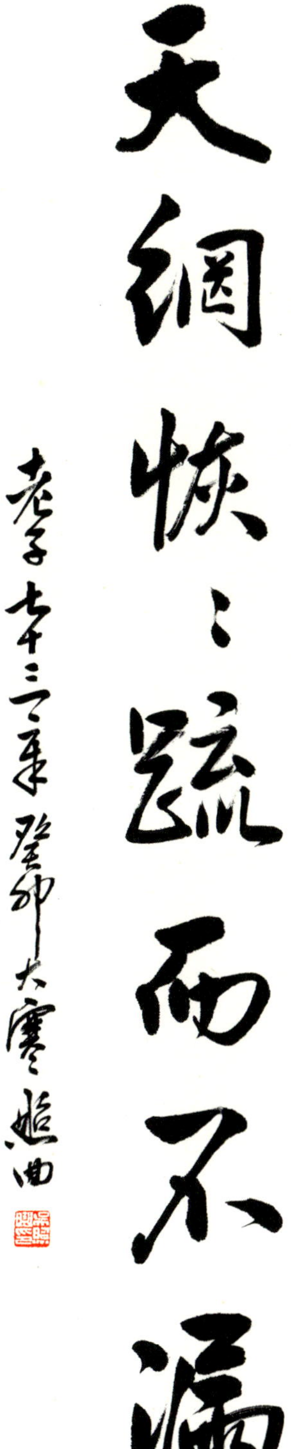

《老子》节选

138cm×34cm

19.

有法度之制者，不可巧以诈伪；
有权衡之称者，不可欺以轻重；
有寻丈之数者，不可差以长短。

出自春秋时期管仲的《管子·明法》。意为有法律制度存在，就不能用弄虚作假来蒙混；有秤在称量，就不能在分量上进行欺骗；有尺子丈量长度，就不能在长短上出现偏差。

党纪国法是党员干部廉洁从政的“度”，党纪严于国法。广大党员干部不仅要模范遵守国家法律，还要按照党规党纪以更高标准严格要求自己，不能触碰“高压线”。

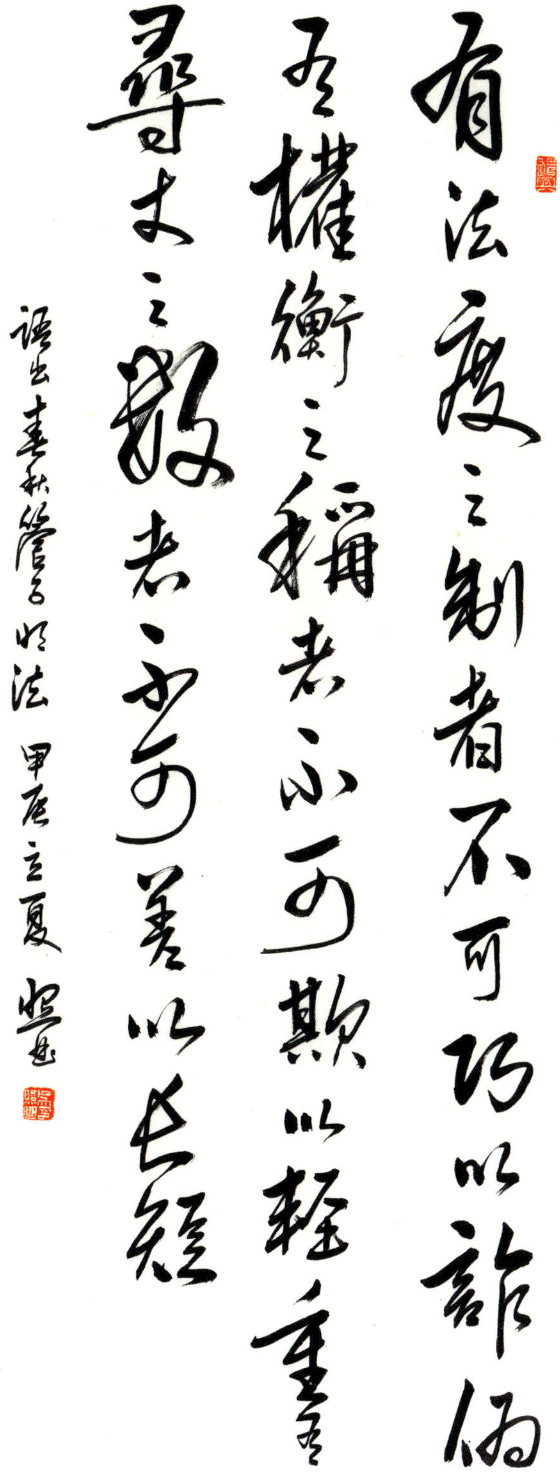

《管子·明法》节选

138cm×60cm

20.

今者物论沸腾，怨讟交至，公议所在，亦可知矣。而相顾不发，中外失望。夫弹劾积威之后，虽庸人亦可奋扬风采；消委之余，虽豪杰有所不能振起。臣恐自兹以往，习惯成风，尽为执政私人，以致人主孤立。纪纲一废，何事不生？

出自北宋时期苏轼所作《上神宗皇帝书》。意为现在舆论强烈，怨恨和指责交织而来，公众的意见和看法，也可以明白了。然而，相互观望而不发表意见，使得朝廷内外都会感到失望。弹劾制度长时间形成的威严和势力，虽然可以让庸人一时得意，但长期消磨下去，即便是英雄豪杰也难以振作。我担忧长此以往，习惯成为风气，导致朝中被执政大臣所控制，最终使君主孤立无援。法度一旦败坏，必然会乱弊丛生。

人不以规矩则废，党不以规矩则乱。全面从严治党，不仅要改正作风、惩治腐败，更要重塑纲纪、树立规矩，使政治纪律和政治规矩成为不可触碰的“高压线”，确保党在政治上的团结统一、坚强有力。党员干部要牢固树立纪律意识，知敬畏、存戒惧，不断增强自身政治素养，在各种诱惑面前经受住考验。

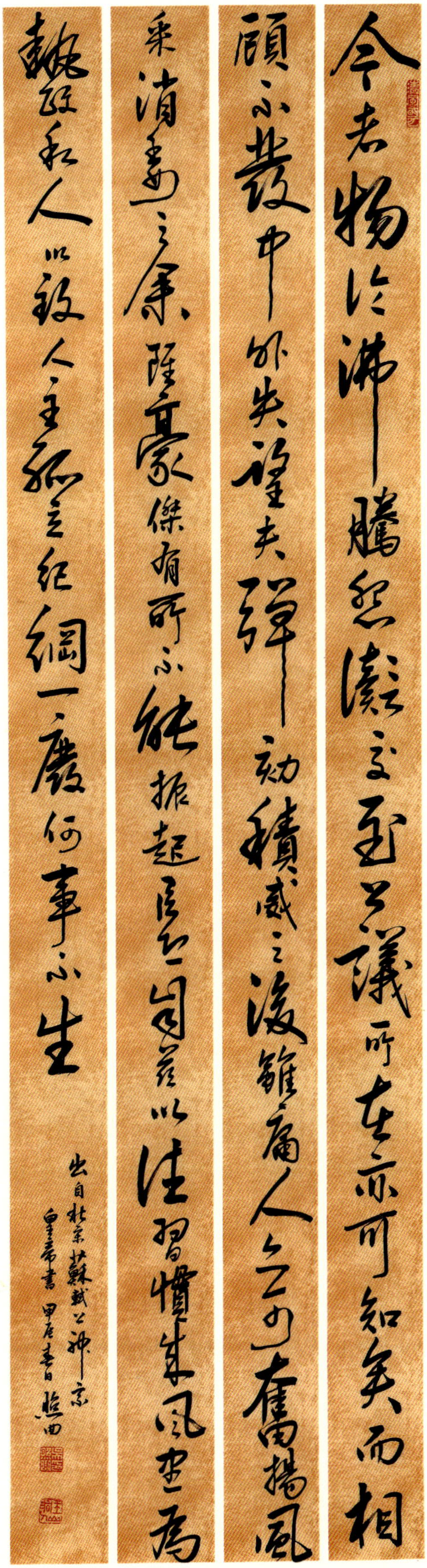

《上神宗皇帝书》节选

180cm×69cm

［楹联对联］

1.

事出于公诸君何妨至室；
吏本非俗我辈还须慎微。

此联为山西省霍州古县衙知州宅楹联。意为公务紧急时可以登门到访，官员毕竟不同于普通人，在内宅同样也要慎重对待做事的细微之处。

党员干部、公职人员不同于普通群众，在“八小时外”的生活社交活动中要自觉规范，培养积极健康的生活情趣和精神追求，从严规范约束自身言行，自觉增强拒腐防变能力，树立忠诚、干净、担当的良好形象。

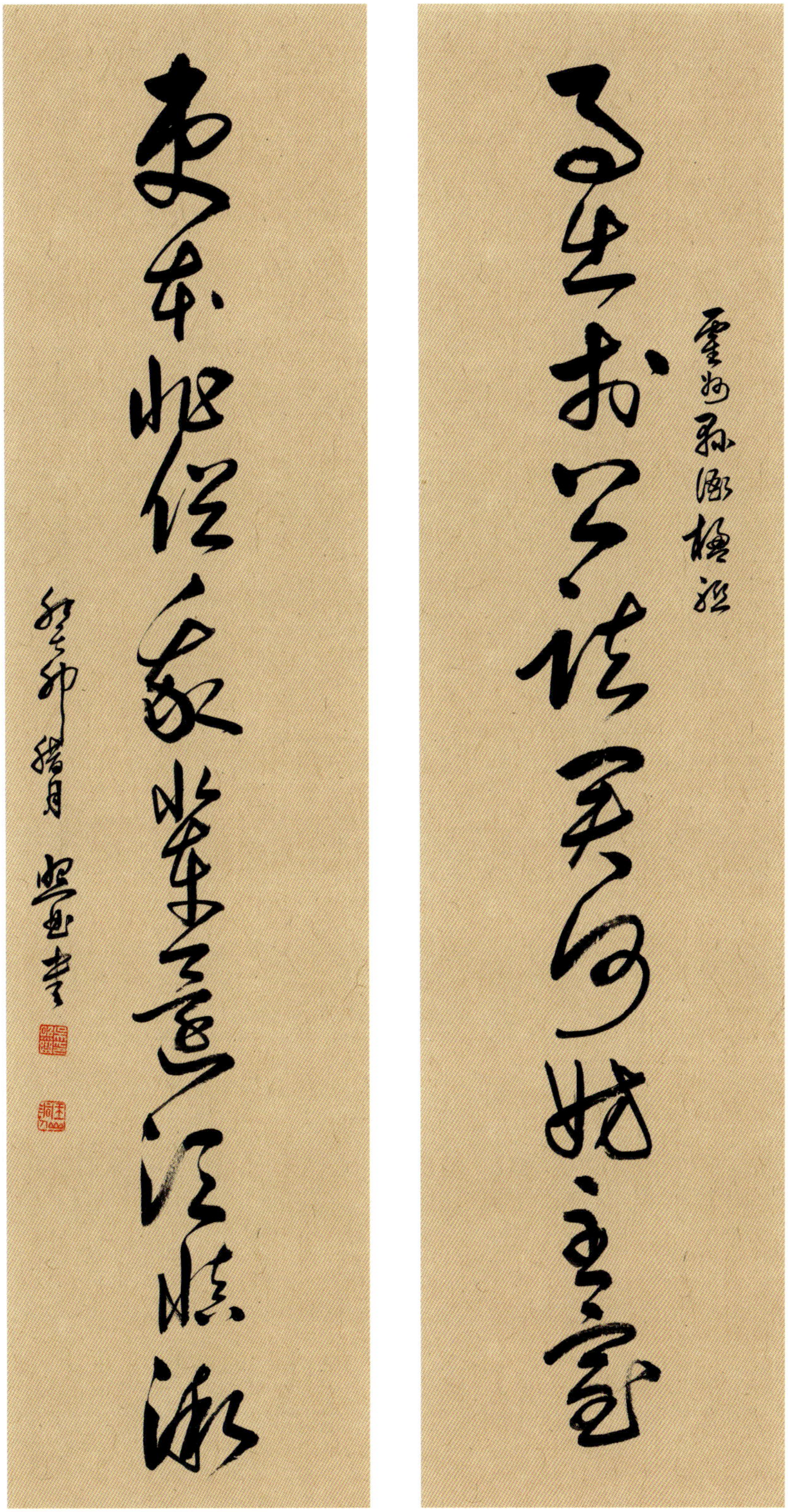

山西省霍州古县衙知州宅楹联

138cm×34cm×2

2.

地位清高，日月每从肩上过；
门庭开豁，江山常在掌中看。

这是宋代理学家朱熹在福建漳州任知州时，借用唐宣宗李忱的七律《百丈山》的颔联为白云岩书院题写的一副楹联。意为肩负社会道义，两袖清风，可昭日月；读万卷、品万物、识时局，身在书斋，心系天下。隐喻着“修身、齐家、治国、平天下”的理想境界。

全面建设社会主义现代化国家，全面推进中华民族伟大复兴，关键在党，关键在人。领导干部要肩负起重大职责，胸怀大局、心存敬畏，始终心系党、心系国家，心系人民、心底无私天地宽，才能达到“日月每从肩上过”“江山常在掌中看”的思想境界。

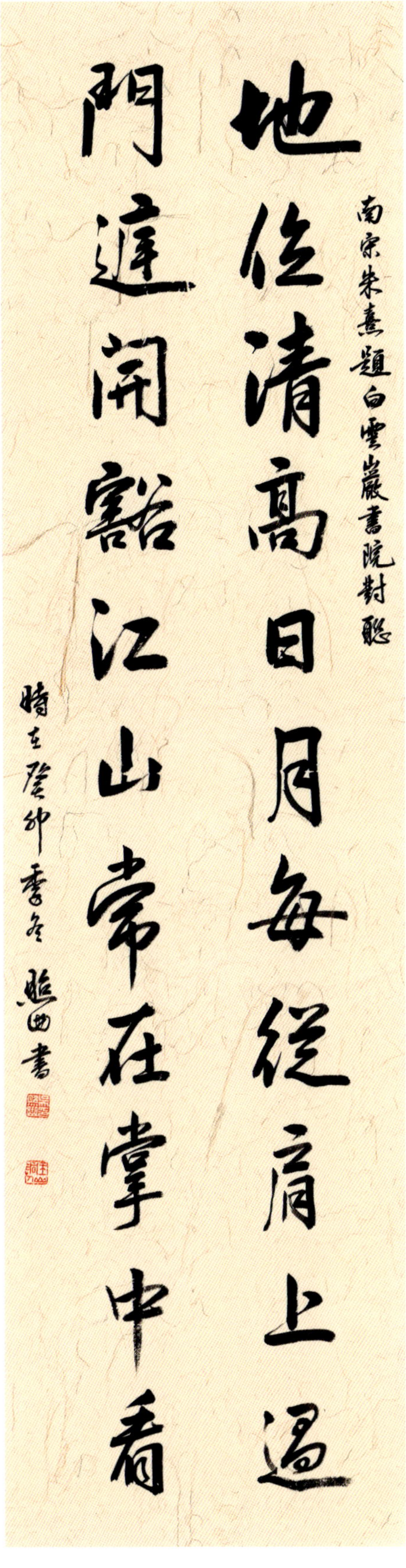

福建省漳州市白云岩书院楹联

180cm×48cm

3.

为政戒贪，贪利贪，贪名亦贪，勿骛声华忘政事；

养廉惟俭，俭己俭，俭人非俭，还从宽大保廉隅。

此联出自晚清安徽籍人薛时雨在任杭州知府时为大堂所撰。意为做官从政者不能贪，贪图利益是贪，贪图名声、沽名钓誉也是贪，切莫致力于贪图浮华虚名而忘记从政的根本；要做到廉洁惟有俭朴，行为节俭、严于律己是节俭，只要求别人和百姓勤俭不算是俭，还要宽以待人，保持品行端正且有节操。联中从“贪”与“廉”两个方面，对为官执政者的起码道德操守和行事作为作了较为精辟的诠释。

从政要戒贪，养廉要从俭。党员干部要坚定理想信念，坚守初心使命，清正廉洁做表率，克己奉公、以俭修身，永葆清正廉洁的政治本色。

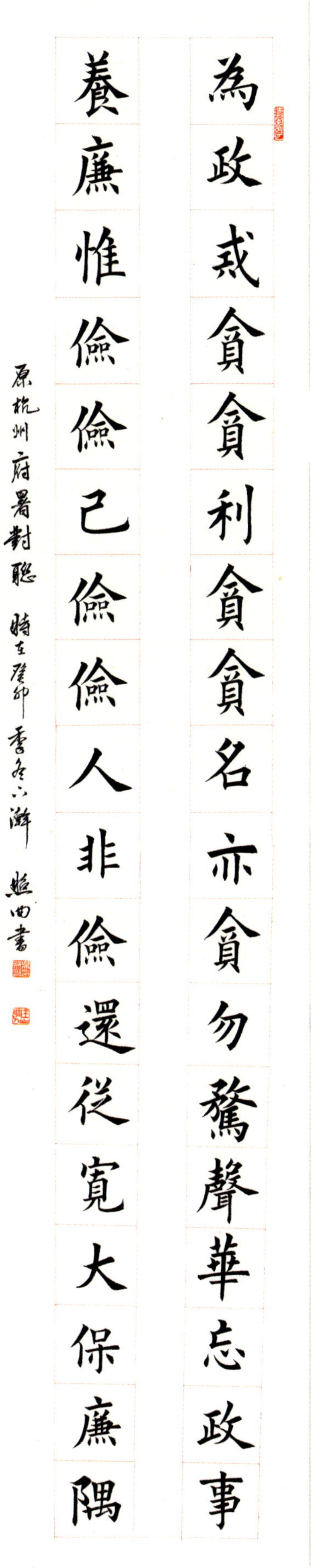

杭州府大堂楹联

248cm×53cm

4.

治赋有常径，勿施小恩忘大体；
驭官无制法，但存公道去私情。

此楹联为山西省平遥古县署内一副宅联。意为治理国家或处理事务时，应有固定的原则和方法，不要因为小恩小惠而忘了大局和原则；在管理官员时，虽然没有固定的规则，但应保持公正，去除私心。

公私分明是为政者所应恪守的本分和底线，《中国共产党廉洁自律准则》第一条就是要求“坚持公私分明，先公后私，克己奉公”。党员干部应当以公私分明为律己之尺，从严要求自我，不断增强政治定力、纪律定力、道德定力、抵腐定力，抵御各种诱惑考验，展现新时代共产党员的良好形象和风范。

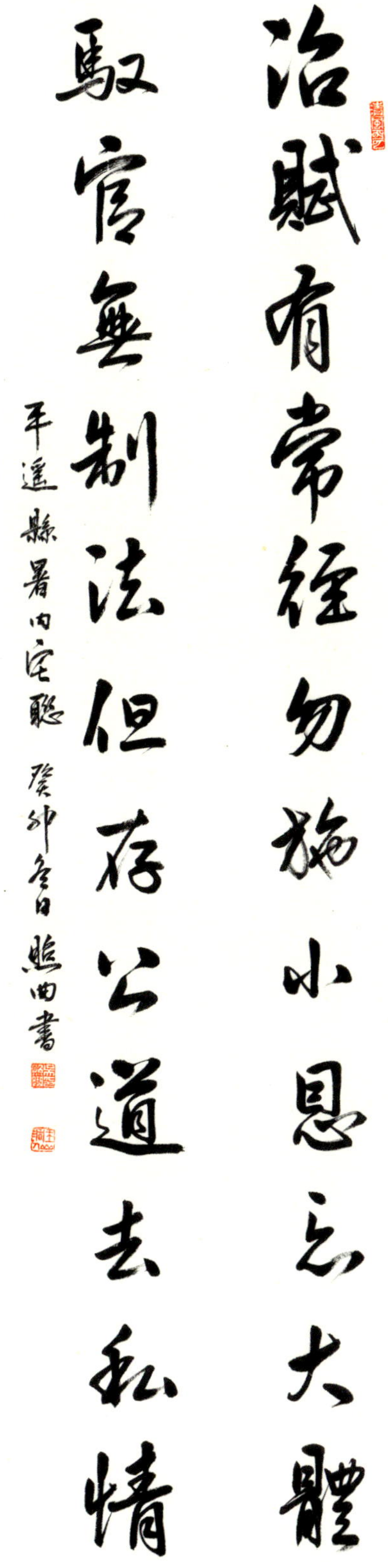

山西省平遥古县署内宅联

180cm×49cm

翰墨清风

第三部分

為政尚德

［诗句格言］

1.

宽而栗，柔而立，愿而恭，乱而敬，扰而毅，直而温，简而廉，刚而塞，强而义。

出自战国《尚书·虞书·皋陶谟》。意为人要有“九德”：宽厚而严肃，温和而有主见，讲原则而谦逊有礼，聪明能干而敬业，善于变通而有毅力，正直而友善，直率而有节制，刚强而务实，勇敢而符合道义。

为人需要品德，为政需要官德。对党员干部来说，加强道德修养是一辈子的事，要带头弘扬社会主义核心价值观，弘扬中华传统美德，保持高尚的道德情操，追求积极向上的生活情趣。

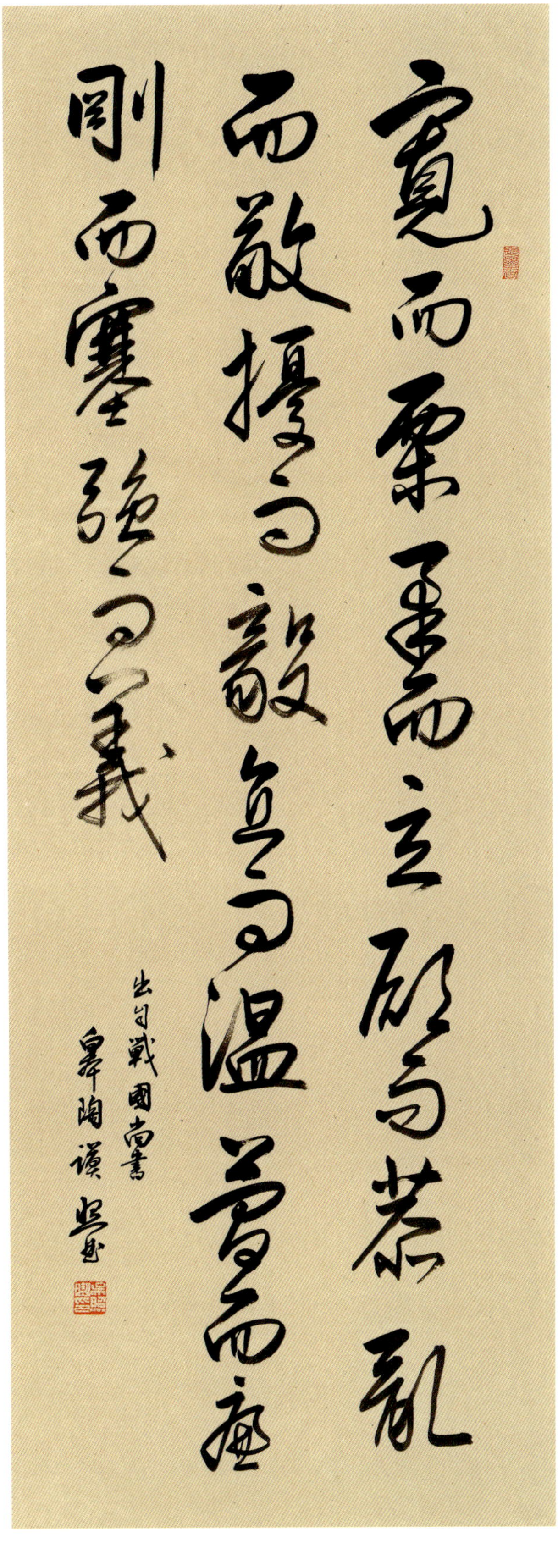

《尚书·虞书·皋陶谟》节选

144cm×60cm

2.

当官之法，惟有三事：曰清、曰慎、曰勤。

出自南宋吕本中所作《官箴》。意为当官的法则，只有三条，即清、慎、勤。清，指的是清廉，公正廉洁，两袖清风；慎，指的是慎重，周密考虑，谨言慎行；勤，指的是勤勉，勤奋好学，刻苦上进。

新时代党员干部应把道德修养作为人生的必修课，时刻将“清、慎、勤”牢记在心，落实到行动中，做到严以修身、严于律己、立党为公、执政为民。

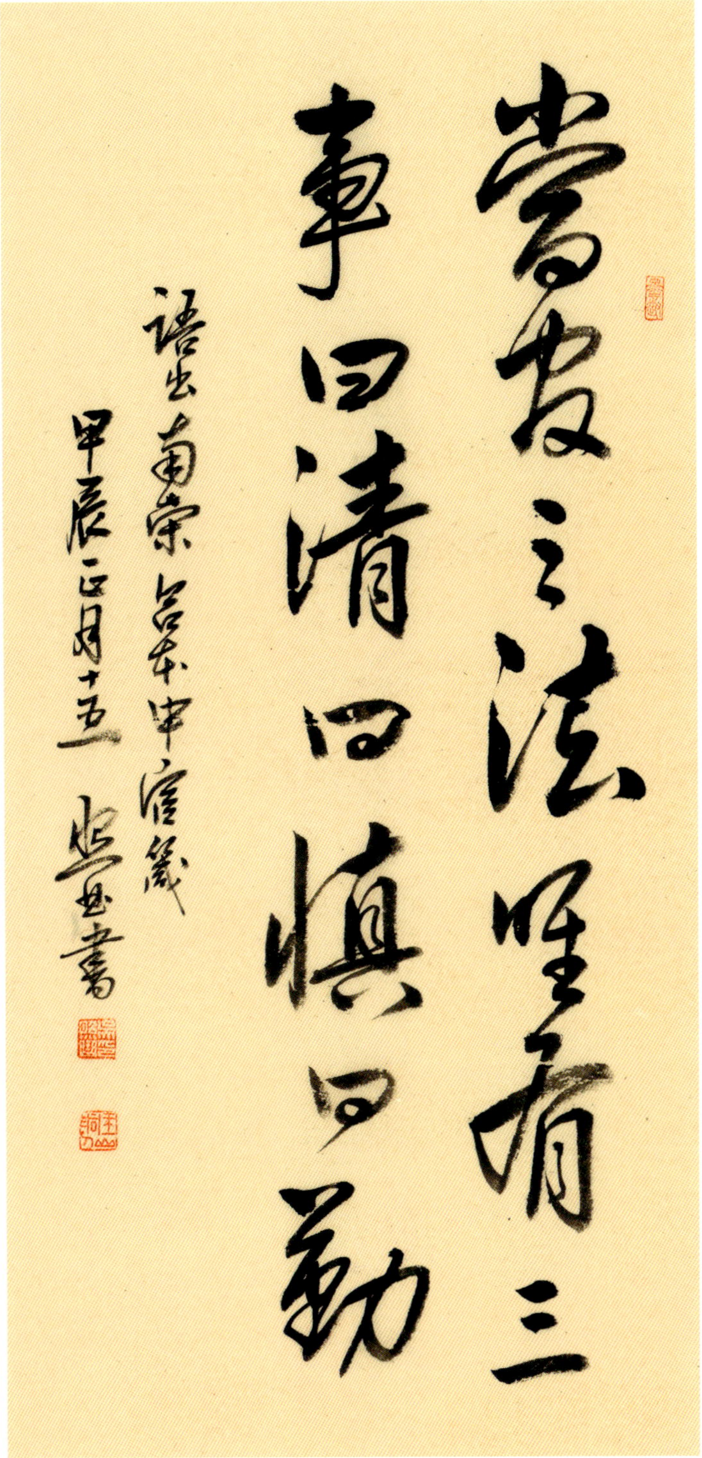

《官箴》节选

100cm×56cm

3.

政者，正也。其身正，不令而行；其身不正，虽令不从。

出自《论语·子路》。意为如果为政者自身的行为端正，无须下命令，百姓也会按他的意旨去做；如果自身行为不端，即使三令五申，百姓也不会服从。

领导干部干干净净干事是马克思主义政党性质和宗旨的内在要求。“打铁还需自身硬”，领导干部只有以身作则、率先垂范，做到自身正，才会有领导的权威，才能在人民群众中树立好形象，才能发挥好“带头人”“领头雁”作用，才能百炼成钢，不负党和人民的重托与期望。

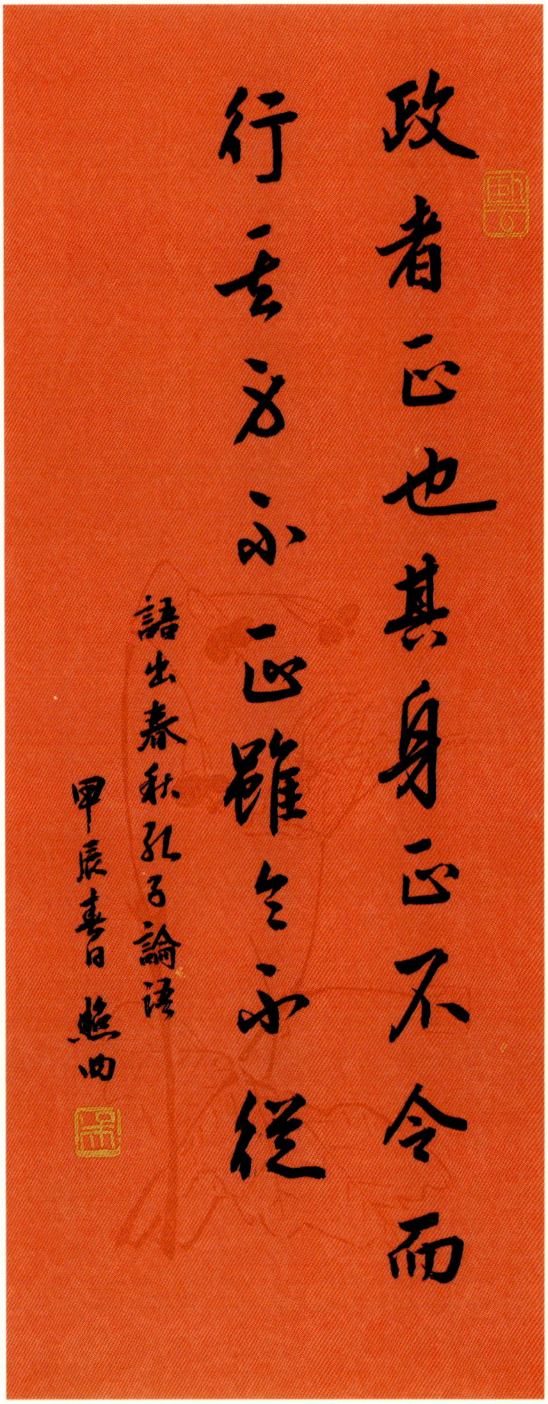

《论语·子路》节选

34cm×16cm

4.

为政以德，譬如北辰，居其所而众星共之。

出自《论语·为政》。意为当政者以德行来治理国家，就像北极星一样安居其所，其他星辰井然有序地环绕着它。重视以德修身，也重视以德从政。这是我国传统文化的精华，也是我国政治思想的一个显著特点。

德不仅是“立身”之本，而且是“立国”之基。广大党员干部要把强化理论学习作为加强道德修养的重要途径，不断增强立德、修德的思想自觉和行动自觉。

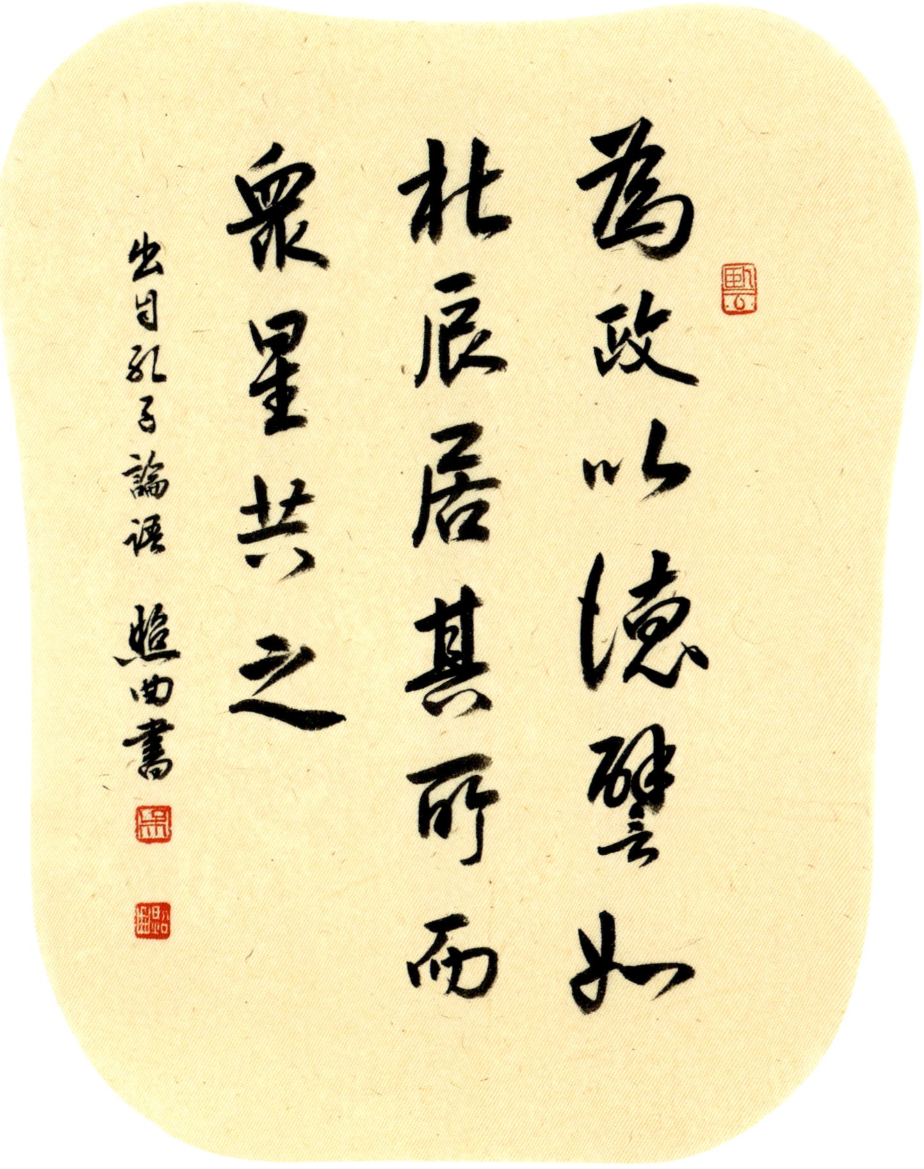

《论语·为政》节选

31cm×26cm

5.

大道之行也，天下为公，选贤与能，讲信修睦。故人不独亲其亲，不独子其子，使老有所终，壮有所用，幼有所长，矜、寡、孤、独、废疾者皆有所养，男有分，女有归；货恶其弃于地也，不必藏于己；力恶其不出于身也，不必为己。是故谋闭而不兴，盗窃乱贼而不作，故外户而不闭，是谓大同。

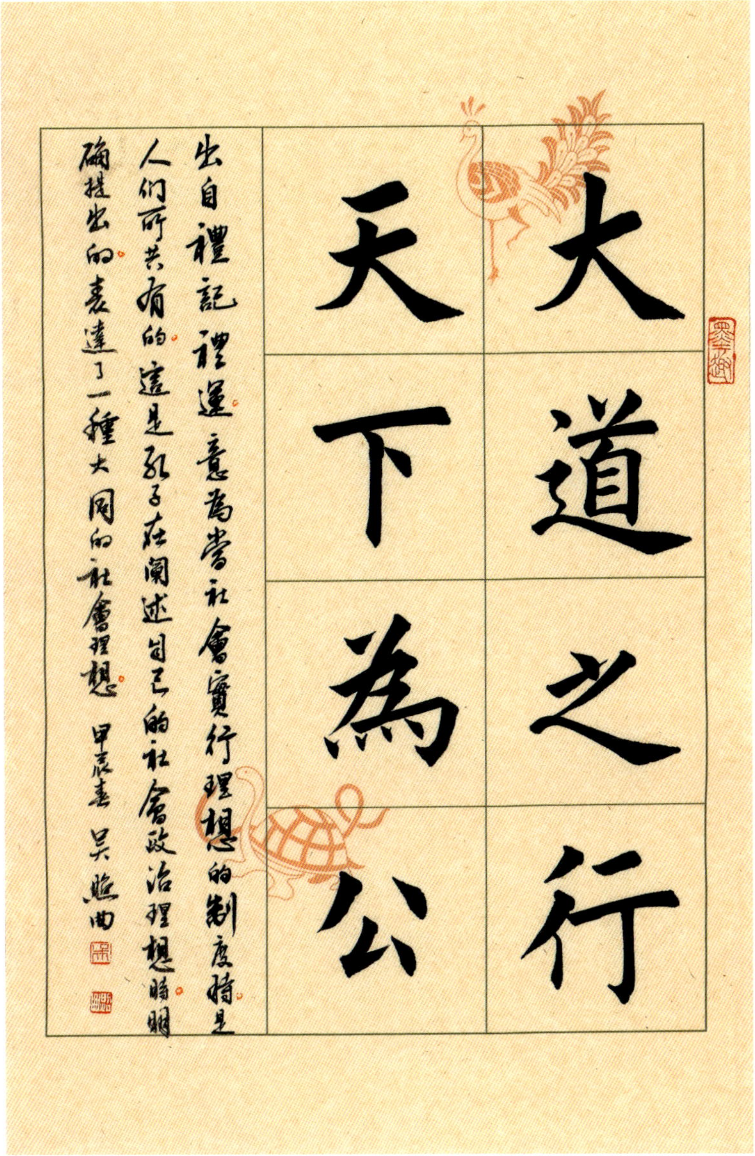

《礼记·礼运》节选

54cm×34cm

出自西汉时期戴圣的《礼记·礼运》。意为太平盛世的时代，天下就是人们所共有的。人们会推举那些品德高尚、德才兼备的人来管理国家。人人讲求诚信，彼此和睦相处。人们不只把自己的亲人当亲人，不只把自己的子女当子女，让老年人能有养老送终的处所，青壮年有工作养家糊口，年幼的孩子可以有健康成长的地方，让那些鳏夫、寡妇、孤儿、独居老人、残疾人都能得到社会的供养。男子有职务，女子有归宿。憎恨财物被白白扔掉，但不会自己私藏。人们都愿意为公众事业竭尽全力，而不一定是为自己谋求私利。因此，奸邪之谋不会发生，盗窃、造反、害人的事情不会兴起，所以大门也就不用紧紧关闭。这就是大同社会。

中国共产党人的初心和使命，就是为中国人民谋幸福，为中华民族谋复兴。在逐步实现中华民族伟大复兴的进程中，中国共产党胸怀天下，始终坚持维护世界和平、促进共同发展的外交政策宗旨，致力于推动构建人类命运共同体，共同创造人类的美好未来。

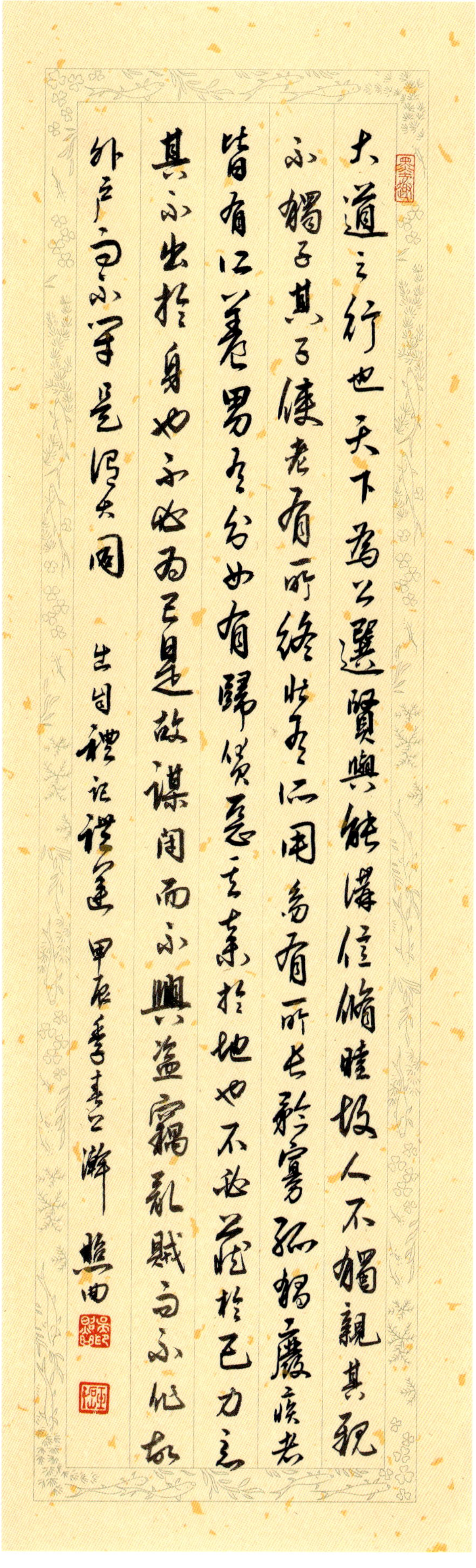

《礼记·礼运》节选

97cm×30cm

6.

激浊而扬清，废贪而立廉。

出自唐代柳宗元所作《永州韦使君新堂记》。意为清除不正之风，弘扬清正之风。废弃贪心，发扬清廉。

清廉是中华民族的传统美德，也是中国共产党员的立身之本。党员干部一定要牢记为人民服务的根本宗旨，常思贪欲之害，常怀律己之心，始终坚持做到心中有廉，永葆清正廉洁本色。

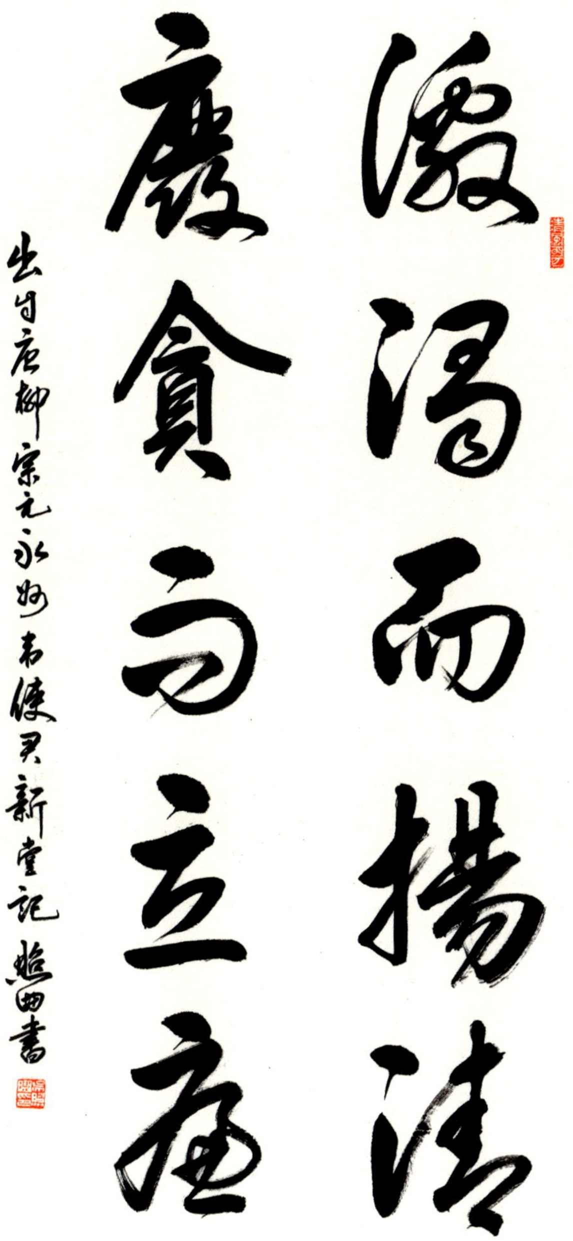

《永州韦使君新堂记》节选

138cm×69cm

7.

绢帕麻菇与线香，本资民用反为殃。
清风两袖朝天去，免得闾阎话短长。

出自明代于谦所作诗《入京》。意为绢帕、麻菇、线香等稀缺物品，本是为民所用的，却因为贪官的大肆搜刮，反而给人民带来灾殃。我两手空空进京去朝见皇上，免得百姓说短道长。

一身正气、两袖清风是中国共产党人的立身之本。党员干部要用“清风”筑牢廉政“防火墙”，带头廉洁自律，始终做政治上的明白人、经济上的清白人、工作上的正派人。

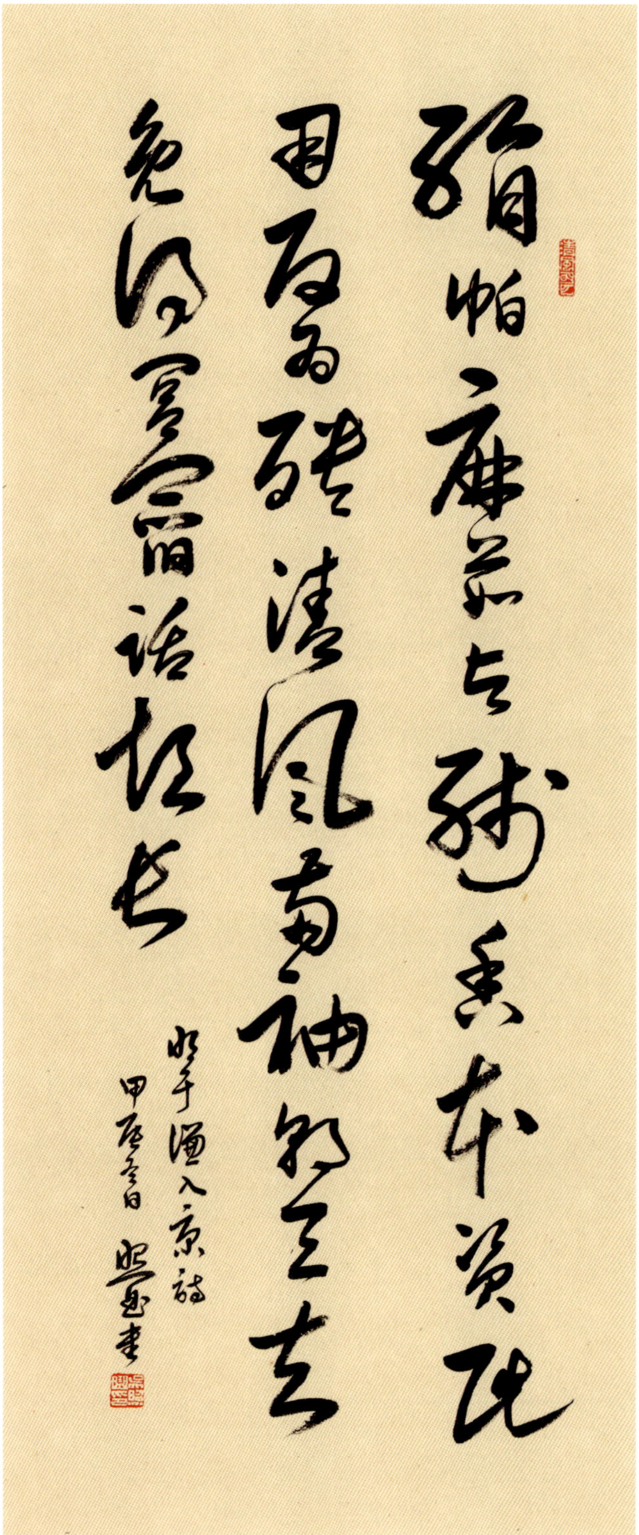

《入京》

144cm×63cm

8.

予独爱莲之出淤泥而不染，濯清涟而不妖，中通外直，不蔓不枝，香远益清，亭亭净植，可远观而不可亵玩焉。

出自北宋周敦颐所作《爱莲说》。《爱莲说》一文描述了莲花“不染”“不妖”“不蔓”“不枝”“不可亵玩”的特征，文中看似是咏莲，实际上是在咏人；看似是在赞美莲花洁净美观的外表，实际上是在赞美人清正廉洁的品格。爱莲（廉）说，爱的正是清正廉洁。

“廉”以立德，“洁”以修身。党员干部必须牢记清廉是福、贪欲是祸的道理，要始终坚定理想信念，补足精神之“钙”，筑牢纪律防线，增强自身拒腐防变的能力。

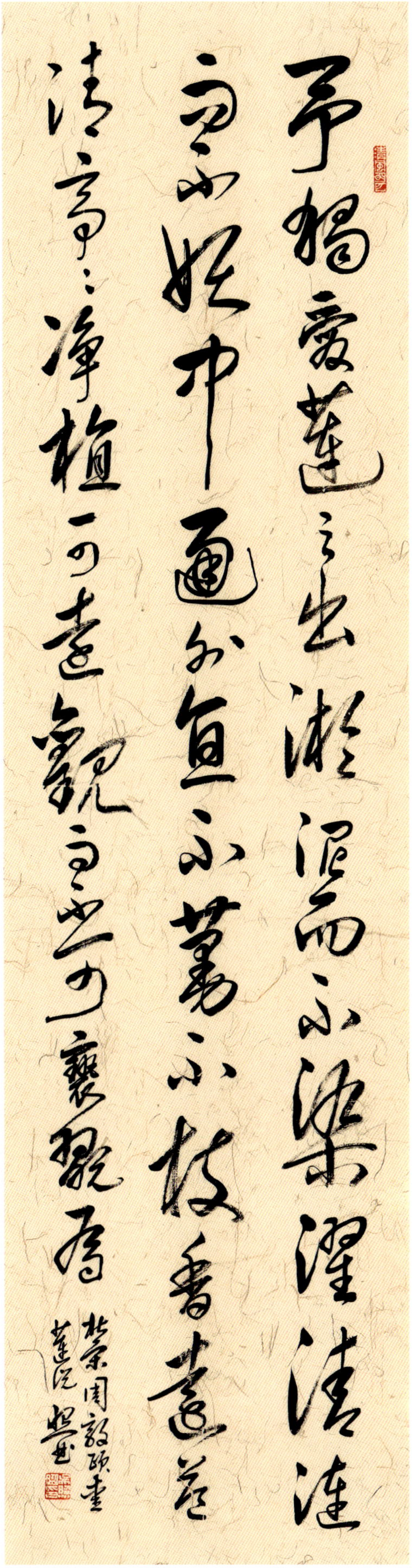

《爱莲说》节选

180cm×49cm

9.

我家洗砚池头树，朵朵花开淡墨痕。
不要人夸好颜色，只留清气满乾坤。

出自元代王冕所作《墨梅》。意为我家洗砚池边有一颗梅树，朵朵开放的梅花显出淡淡的墨痕，不需要别人夸它的颜色好看，只需要梅花的清香之气弥漫在天地之间。该诗盛赞墨梅的高风亮节，表现了诗人鄙薄流俗、独善其身、不求功勋的品格。

先进性和纯洁性是马克思主义政党的本质属性。中国共产党员，特别是领导干部要带头立德、修身，做涵养廉洁文化的表率，要以淡泊之心对待个人名利和权位，保持共产党人的高尚品格和清廉形象。

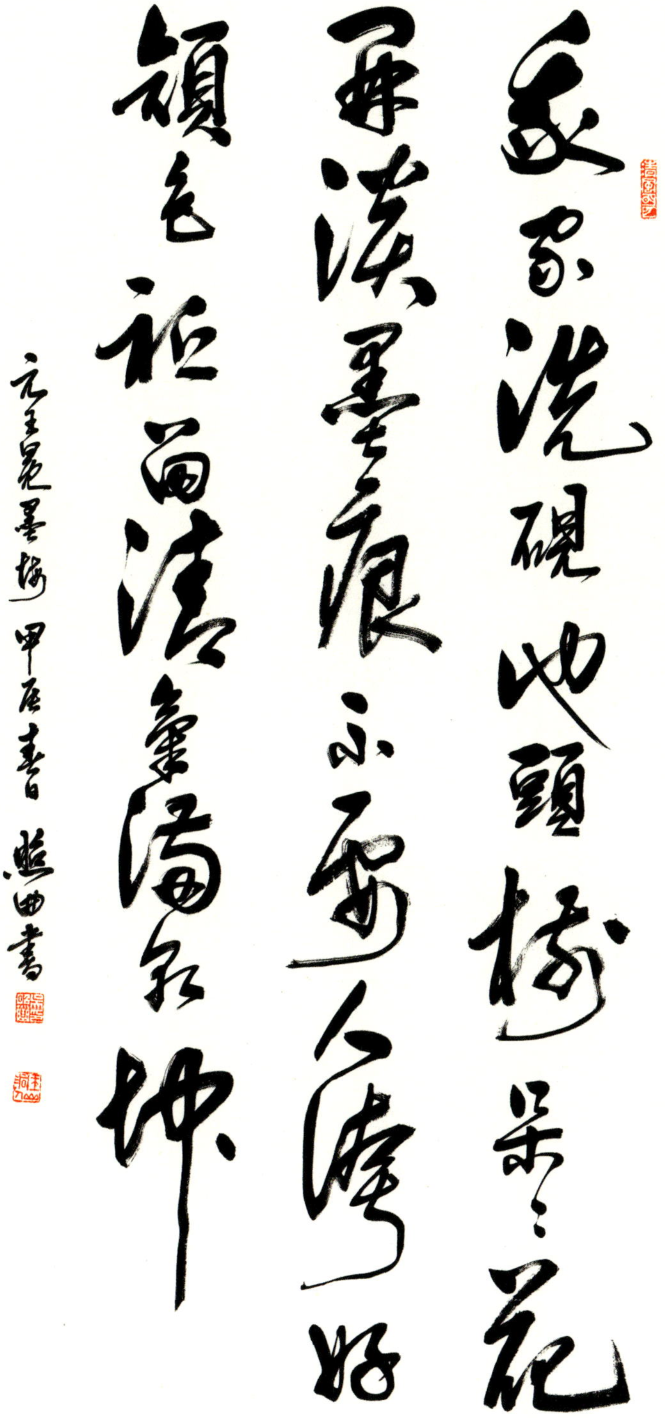

《墨梅》

138cm×69cm

10.

富贵不能淫，贫贱不能移，威武不能屈。

出自《孟子·滕文公下》。意为财富地位不能使其无节制，贫苦穷困不能改变其志向，权势武力不能使其屈服变节。

全面从严治党永远在路上，党的自我革命永远在路上。党风问题关系执政党的生死存亡，要坚持以正风肃纪为重要抓手，坚持党性党风党纪一起抓，从思想上固本培元，提高党性觉悟，增强拒腐防变能力，涵养富贵不能淫、贫贱不能移、威武不能屈的浩然正气。

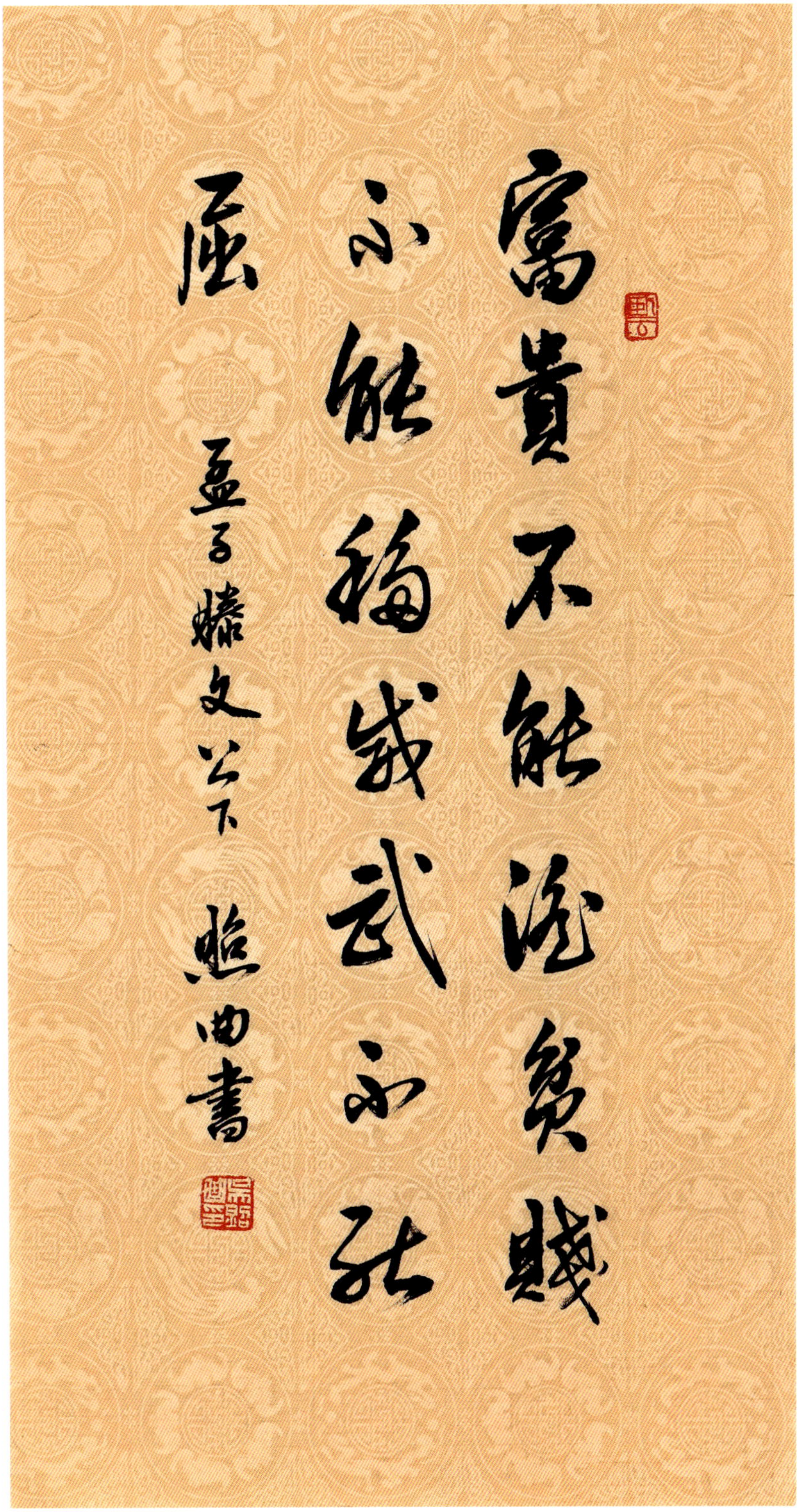

《孟子・滕文公下》节选

45cm×24cm

11.

一曰勤抚恤。一曰慎刑法。一曰绝贿赂。一曰杜私派。一曰严征收。一曰崇节俭。

出自清代于成龙所作《示亲民官自省六戒》。意为勤于体察民情，给予必要的安抚和救济。谨慎用罚，不可滥用刑罚。杜绝贿赂行为，禁止官员私自结党营私，形成派系斗争。在税收征收上要严格依法办事。要提倡勤俭节约之风。这是于成龙居官廉洁自律的毕生经验总结，也成为地方官的行为准则。

廉洁自律是中国共产党人为官从政的底线。党员干部要强化廉洁自律意识，深入理解廉洁自律的内容和要求，坚持自重、自省、自警、自励，坚守清正廉洁的纪律底线，锤炼忠诚、干净、担当的政治品格。

《示亲民官自省六戒》

34cm×67cm

12.

天行健，君子以自强不息。地势坤，君子以厚德载物。

出自《周易》。意为天的运动刚强劲健，相应于此，君子处世，应像天一样，自我力求进步，刚毅坚卓，发愤图强，永不停息；大地的气势厚实和顺，君子应增厚美德，容载万物。天地在易经中代表了两种不同的精神境界和修养要求。“天”象征刚强，要求君子具备坚韧不拔、不畏艰难、勇往直前的品质；“地”象征柔顺，要求君子具备谦虚、宽容、包容万物的品格。

人无精神不立，国无精神不强。当前，我们正处于以中国式现代化全面推进中华民族复兴伟业的关键时期。党员干部要带头弘扬艰苦奋斗的精神，把人民对美好生活的向往作为奋斗目标，用行动诠释中国共产党人的初心使命。

《周易》节选

43cm×43cm

13.

大学之道，在明明德，在亲民，在止于至善。知止而后有定，定而后能静，静而后能安，安而后能虑，虑而后能得。物有本末，事有终始，知所先后，则近道矣。

古之欲明明德于天下者，先治其国。欲治其国者，先齐其家。欲齐其家者，先修其身。欲修其身者，先正其心。欲正其心者，先诚其意。欲诚其意者，先致其知。致知在格物。物格而后知至，知至而后意诚，意诚而后心正，心正而后身修，身修而后家齐，家齐而后国治，国治而后天下平。自天子以至于庶人，壹是皆以修身为本。其本乱而末治者，否矣。其所厚者薄，而其所薄者厚，未之有也。此谓知本，此谓知之至也。

出自《礼记·大学》。《大学》提出“三纲领”（明明德、亲民、止于至善）、“八目”（格物、致知、诚意、正心、修身、齐家、治国、平天下）。“三纲领”是道德修养的最高境界，“八目”是实现三大纲领的八条具体途径，强调治国平天下和个人道德修养的一致性。

作为党员干部，特别是领导干部必须把加强德的修养作为人生必修课，切实做到“明大德、守公德、严私德”，“始终坚守共产党人的精神高地，当好社会道德建设的标杆。”

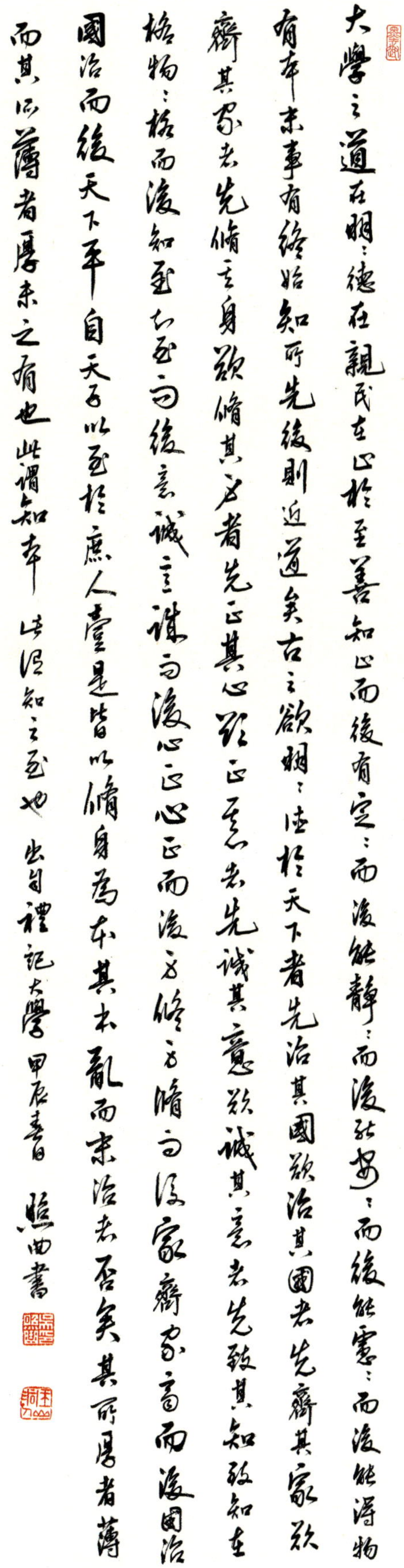

《礼记·大学》

138cm×39cm

14.

从善如登，从恶如崩。

出自春秋时期左丘明所作《国语·周语下》。意为做善事就像登山一样艰难，作恶就像崩塌一样迅速。比喻学好很难，学坏极容易。

从善难、从恶易。领导干部必须严格自律、慎独慎微、陶冶道德情操，做到修身慎行、怀德自重、敦方正直、清廉自守。

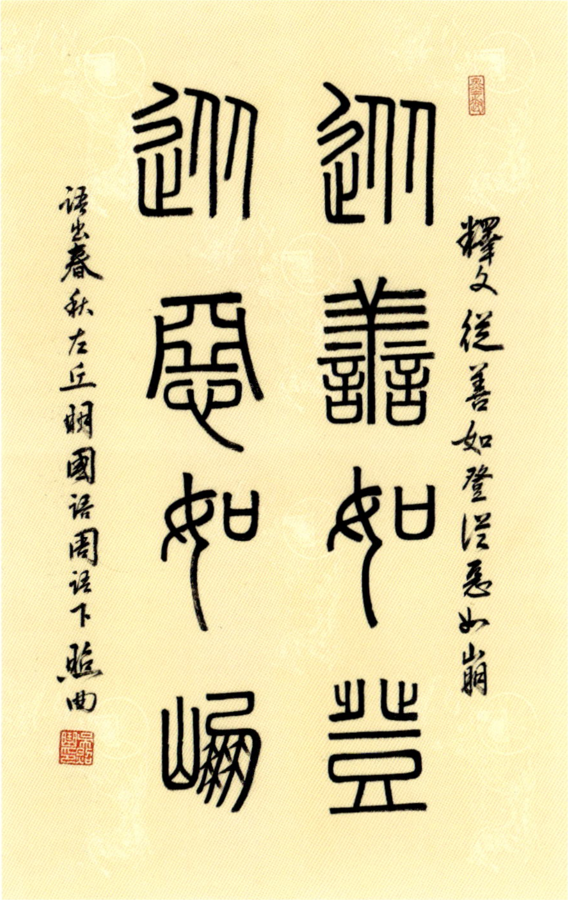

《国语·周语下》节选

69cm×46cm

15.

不患位之不尊，而患德之不崇。

出自东汉时期张衡所作《应间》。意为君子不担心地位的低下，而害怕德行的浅薄。

人无德不立，官无德不为。领导干部要时刻以“君子检身，常若有过”的态度，提升道德修养，坚定自身价值追求，在实践中把做人与做官统一起来，把学习与改造统一起来，把“立言”与“立行”统一起来，努力做“一个高尚的人，一个纯粹的人，一个有道德的人，一个脱离了低级趣味的人，一个有益于人民的人”。

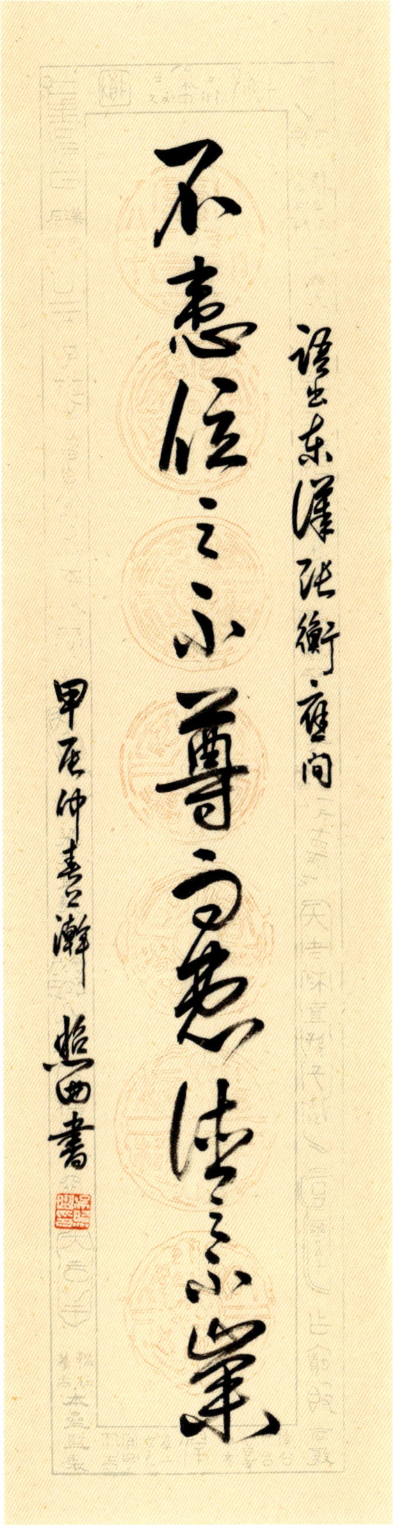

《应间》节选

138cm×34cm

16.

才者，德之资也；德者，才之帅也。

出自北宋时期司马光所作《资治通鉴·周纪一》。意为才能是德行的基础和支撑，德行是才能的统帅和指引。

坚持“德才兼备、以德为先”是我们党选人用人的一贯方针和根本原则。广大党员干部要将“修德”摆在突出位置，不断加强思想道德修养和党性修养，涵养对党忠诚的“大德”，造福人民的“公德”，严于律己的“私德”。

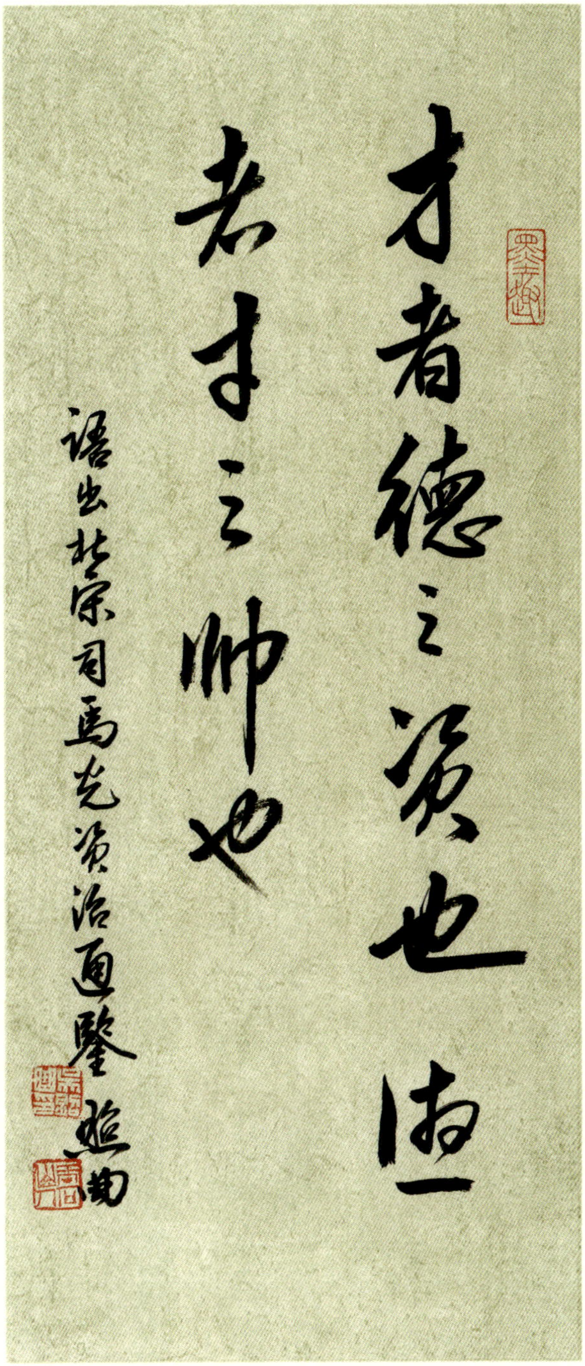

《资治通鉴·周纪一》节选

46cm×23cm

17.

从官重恭慎，立身贵廉明。

出自唐朝陈子昂《座右铭》。意为为官从政要注重恭敬和谨慎，立身行事贵在廉洁和清白。

对中国共产党人来说，党性就是最大的德。党员干部要解决好权力观、地位观和利益观的问题，牢记清廉是福、贪欲是祸的道理，带头做到廉洁自律、廉洁用权、廉洁齐家，时刻把党和人民的利益放在第一位。

《座右铭》节选

46cm×23cm

18.

圣人方而不割，廉而不刿，直而不肆，光而不耀。

出自春秋时期老子所作《道德经》。意为有大德行的人行事方正，却不会因为自己的方正而割裂与他人的关系；为人清正廉洁，却不会过于苛刻和尖锐；为人率直，但不会过于放肆；有了成就的光芒，但绝不炫耀显摆。

谦虚谨慎、不骄不躁是中国共产党的优良传统。从客观上说，党长期执政的地位，易使一些领导干部滋生骄傲自满情绪，沾染官僚主义习气。领导干部一旦有了傲气，就会隔离党和人民群众的血肉联系。因此，领导干部要戒傲气、立傲骨，俯下身子，深入基层，真抓实干，为人民群众真正办实事、办好事。

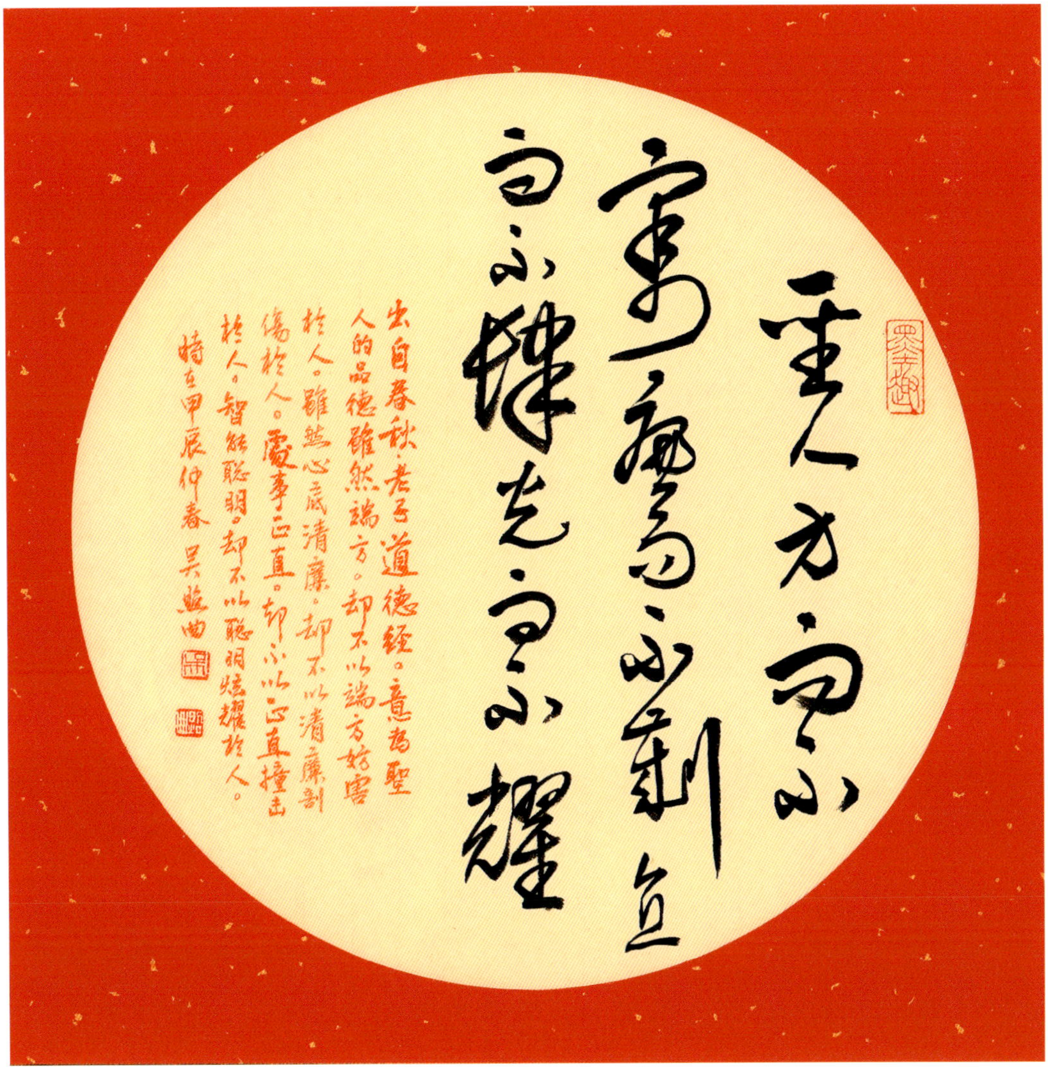

《道德经》节选

34cm×34cm

19.

圣人上德而下功，尊道而贱物。道德当身，故不以物惑。

出自春秋时期管仲所作《管子·戒》。意为圣人总是以德为上而功业在下，重视道义而轻视物利。自身道德高尚，就不会被外物所诱惑。

“打铁还需自身硬”。党员干部要注重自身修行，充分发挥党员先锋模范作用，既要素质硬、本领强，也要按照明大德、守公德、严私德的要求，自觉锤炼党性，提高思想觉悟，坚定崇高的道德理想和精神追求。

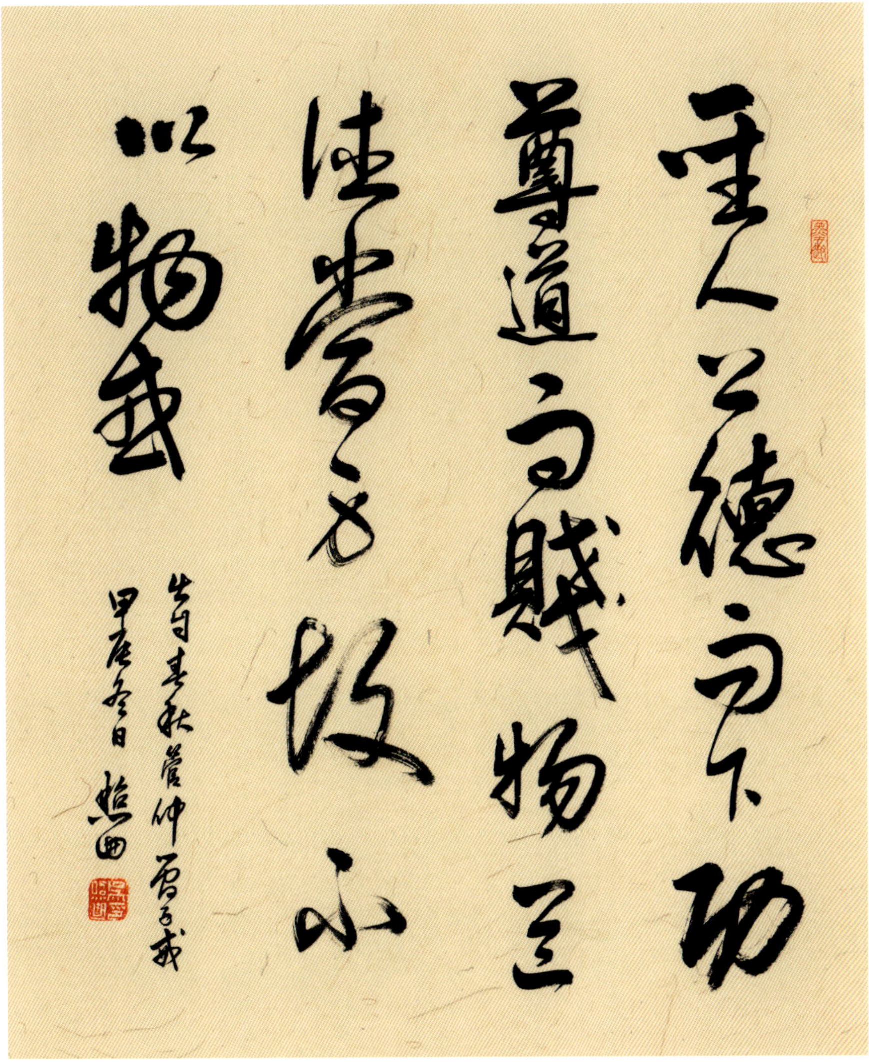

《管子·戒》节选

69cm×68cm

20.

尽交天下贤豪长者；常作江山烟月主人。

出自清代包世臣的《格言联》。意为广泛结交天下品德高尚、有才华的杰出人士作为朋友；常常以自然山水、月光美景为伴，成为它们的主人，享受其带来的宁静与美好。

人际交往是人类最基本的社会实践活动。领导干部生活在社会上，工作在群众中，结交朋友既是人之常情，也是工作需要。同时，更应该明白，由于手握权力、身份特殊、职责重要，交友不是个人小事、私事，而是反映作风党性的一面镜子。领导干部要严格交友原则，不交无德之人，不交无义之人，不交无耻之人。只有树立“益者三友”的交友观，才能达到“人伴贤良品自高”的境界。

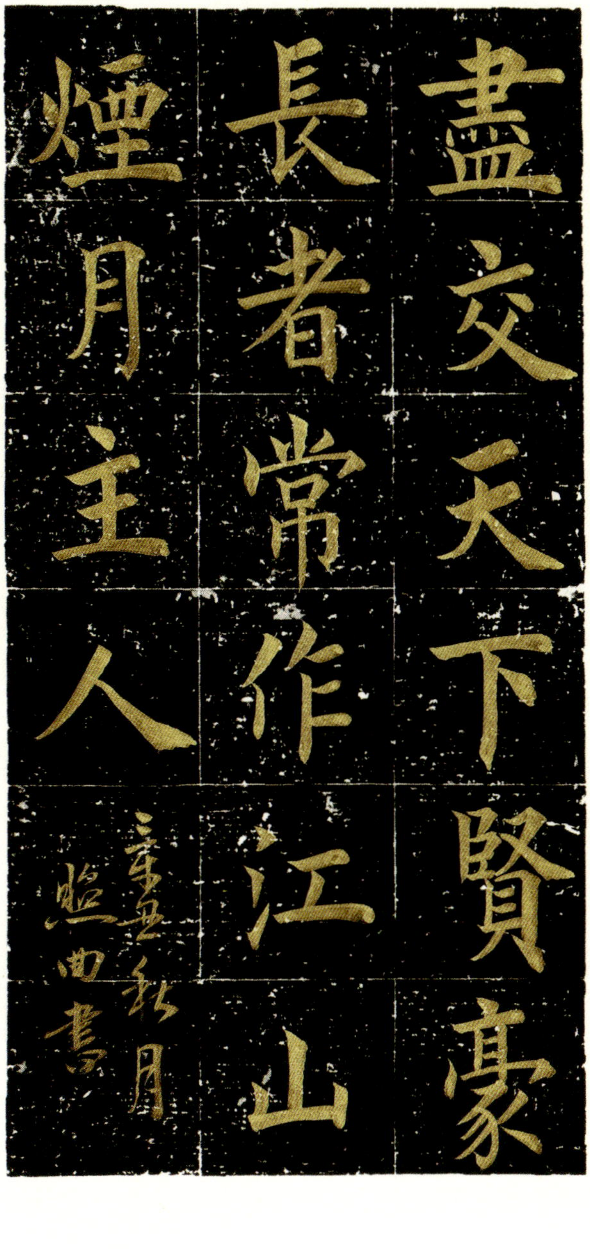

《格言联》节选

46cm×23cm

21.

历览前贤国与家，成由勤俭破由奢。
何须琥珀方为枕，岂得真珠始是车。
运去不逢青海马，力穷难拔蜀山蛇。
几人曾预南薰曲，终古苍梧哭翠华。

出自唐代李商隐所作《咏史二首·其二》。意为纵览历史，凡是贤明的国家，成功源于勤俭，衰败起于奢华。难道枕头只有装上琥珀才是枕头，马车只有镶嵌珍珠才是马车吗？一路远去，没有遇到可以整顿乾坤的栋梁之材（“青海马”源于《隋书·吐谷浑传》，指危急时刻能够独当一面的栋梁之材），力量用尽，也无法撼动宦官佞臣的危害（“蜀山蛇”源于《华阳国志·蜀志》，指根深蒂固、盘根错节、难以铲除的宦官势力）。如今有几人曾听过舜帝的《南风歌》？国家如此衰败，不复当年尧舜之风了。

勤俭节约不仅是一种行为方式，更是成为了中国人约定俗成的德行准则。“群众看党员，党员看干部。”党员领导干部要增强尚俭戒奢、艰苦奋斗的政治自觉，摒弃“爱面子、讲排场、比阔气、炫富”等不良风气，让“厉行节约、反对浪费”的文明理念真正深入人心。要树立良好家风家教，从我做起，从现在做起，从家里的每一餐做起，让节俭成为家庭生活的常态。

《咏史二首·其二》

30cm×58cm

［楹联对联］

1.

凭此衷一秉虚公，不近利，不好名，勤勤恳恳，但求无愧所知，无负所学；

愿斯民共行直道，莫吝财，莫滋讼，浑浑朴朴，庶得各安其业，各遂其生。

此楹联挂于平遥县署土地祠。意为为官者要保持自己的初心，秉公执法，不偏袒任何一方，要有操守，淡泊名利，勤劳踏实，不辜负自己的智慧和所学的知识；希望世上的百姓坚持正直的原则，不偏不倚，不做违背良心和道德的事情，不吝财，不滋事纷争，朴朴实实，安居乐业度过一生。上联表达了为官者的自我期许，即对廉政、勤政的追求；下联是对百姓的期望，希望百姓浑朴守法、幸福平安。

全心全意为人民服务是党的根本宗旨，党员干部要克己奉公、廉洁自律，勿忘初心，思群众之所思，急群众之所急，解群众之所困，让人民群众有更多的获得感和幸福感。

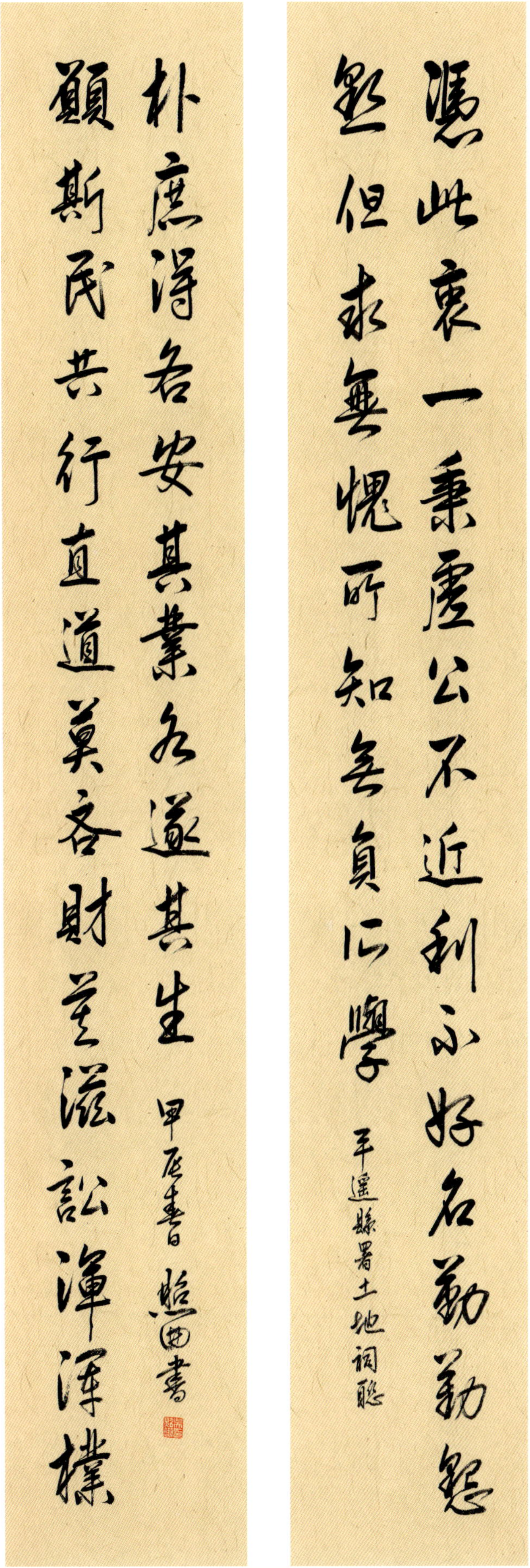

山西省平遥县署土地祠楹联

248cm×43cm×2

2.

德崇先哲淑身济世；
仪式后昆谨言慎行。

此楹联悬挂于皇城相府门厅。意为要学习先贤古人的智慧，修养自身，还要有匡济时世的崇高理想，以自身仪表垂范后世子孙，万事多做思考，行为方才得当。

中国共产党始终是有崇高理想和坚定信念的党，这个理想信念，就是马克思主义信仰、共产主义远大理想、中国特色社会主义共同理想。坚定理想信念、坚守共产党人精神追求，始终是共产党人安身立命的根本。坚定理想信念要强化理论学习，悟透以人民为中心的发展思想，坚持正确的政绩观，敬畏历史、敬畏文化，慎重决策、慎重用权，始终维护好人民根本利益。

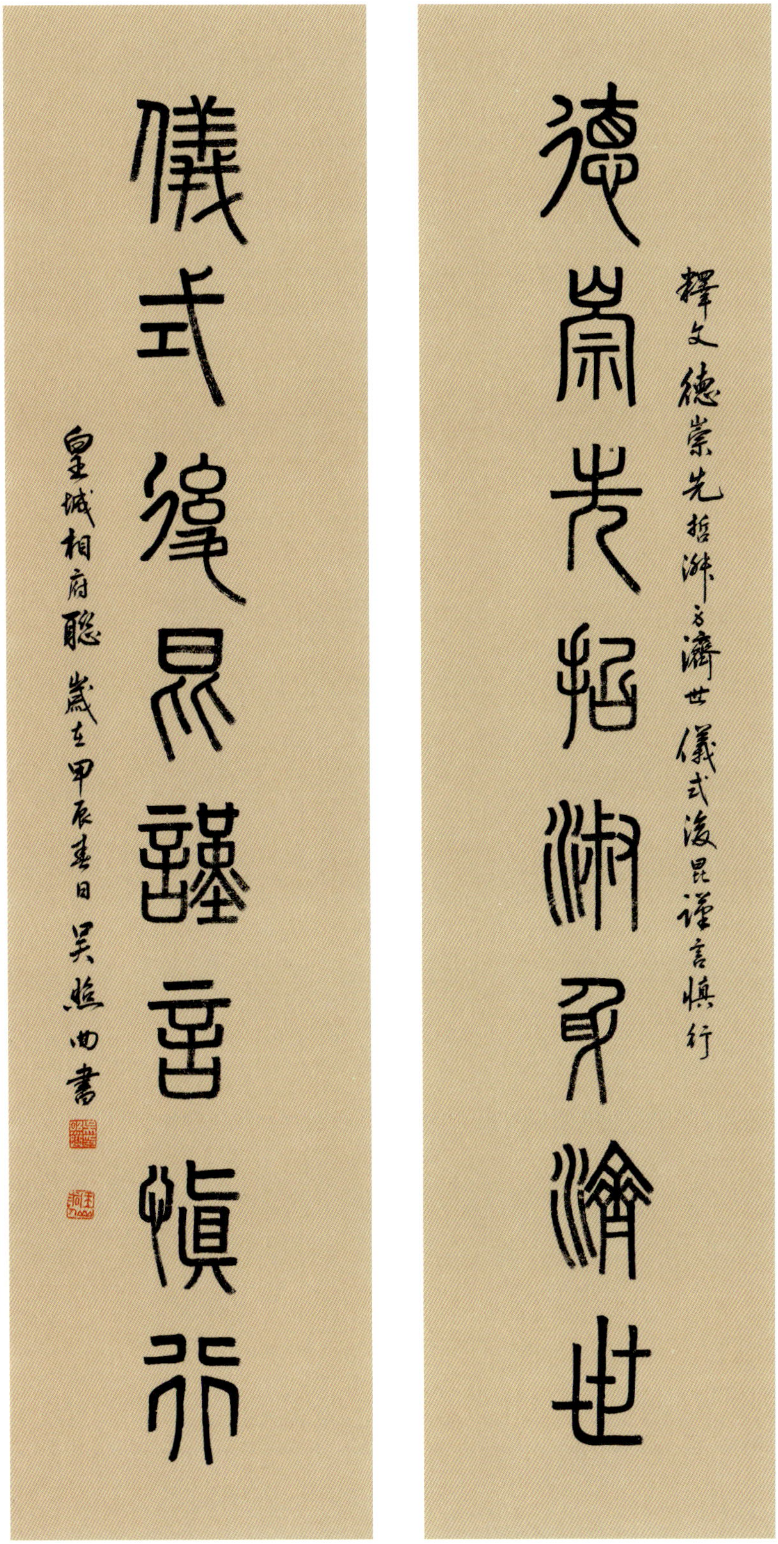

山西省晋城市皇城相府门厅楹联

144cm×35cm×2

翰墨清风

第四部分

嚴以修身

［诗句格言］

1.

古之人，目短于自见，故以镜观面；智短于自知，故以道正己。故镜无见疵之罪，道无明过之恶。目失镜则无以正须眉，身失道则无以知迷惑。

出自战国末期韩非所作的《韩非子·观行》。意为古时人们因为眼睛不能看到自己，所以要借助镜子来观看自己；智慧中缺乏自知之明，所以要借助道德规范来修正自己。镜子可以显现污点，但并不是镜子的过错；道德能够彰明过失，但也并不是道德的过错。眼睛失去了镜子就无法端正自己的面容，行动失去道德规范就无法知道自己的迷惑所在。

作为新时代的党员干部，应当勤于"三省吾身"，时刻检视自我，及时发现问题、纠正问题，真正做到"心不动于微利之诱，目不眩于五色之惑"。

《韩非子·观行》节选

180cm×70cm

2.

见贤思齐焉，见不贤而内自省也。

出自春秋时期《论语·里仁》。意为看见有德行或有才干的人，就要想着向他学习；看见没有德行或没有才干的人，就要自己内心反省是否有和他一样的错误，如有就要加以改正。

在中华民族的历史上，无数贤人正是通过这样的修养而不断提升自身的道德品质和思想境界的。作为新时代的党员干部，以此古训校正自己的思想和行为，真正做到见贤思齐、择善而从，才能更好地提高政治站位和政治能力，强化政治责任和政治担当，汇聚起实现中华民族伟大复兴的磅礴力量。这对于我们保持共产党人的先进性和纯洁性也是大有裨益的。

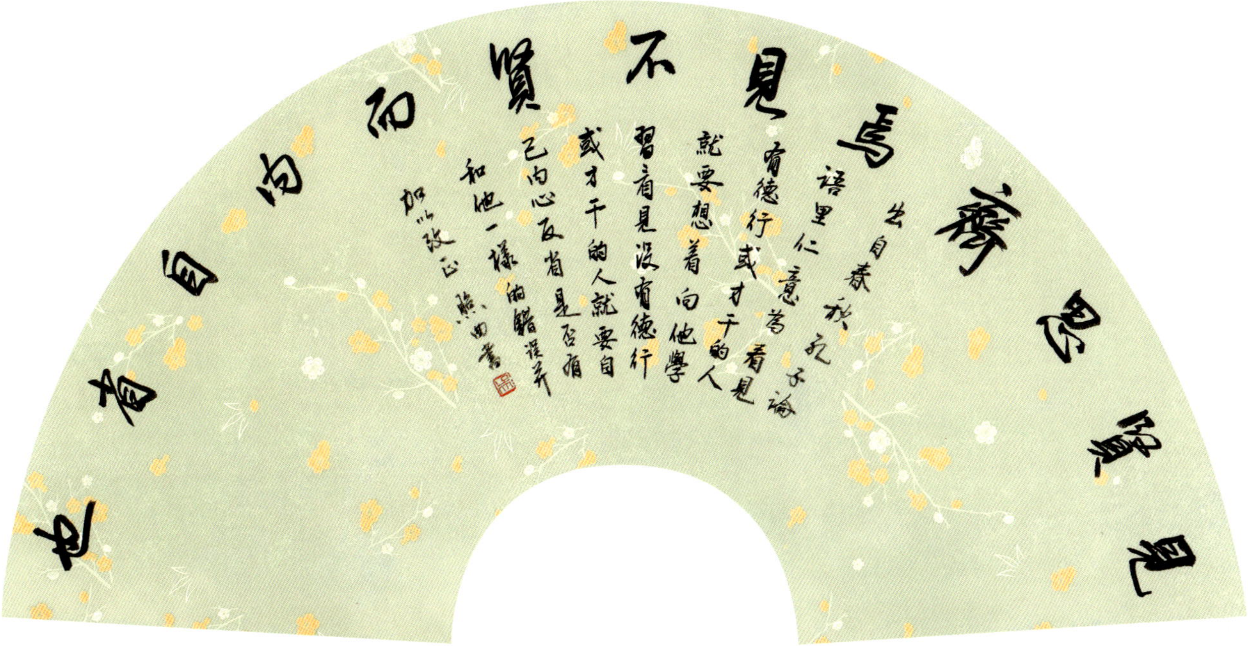

《论语·里仁》节选

34cm×67cm

3.

观于明镜，则瑕疵不滞于躯；
听于直言，则过行不累乎身。

出自东汉时期王粲所作《仿连珠》。意为用明亮的镜子照自己，污垢斑渍就不会留在自己身上；倾听坦率正直的批评，错误行为得到纠正，就不会使自己受影响。

批评与自我批评是解决党内矛盾的有力武器，也是改进思想作风和工作作风的有效方法。作为新时代的党员干部，就要习惯于把批评与自我批评作为自我净化、自我完善、自我革新、自我提高的重要手段，保持从谏如流的谦逊，有则改之，无则加勉，在对照和检视自我的过程中，及时扫除思想上的灰尘，不断提升个人素质和能力。

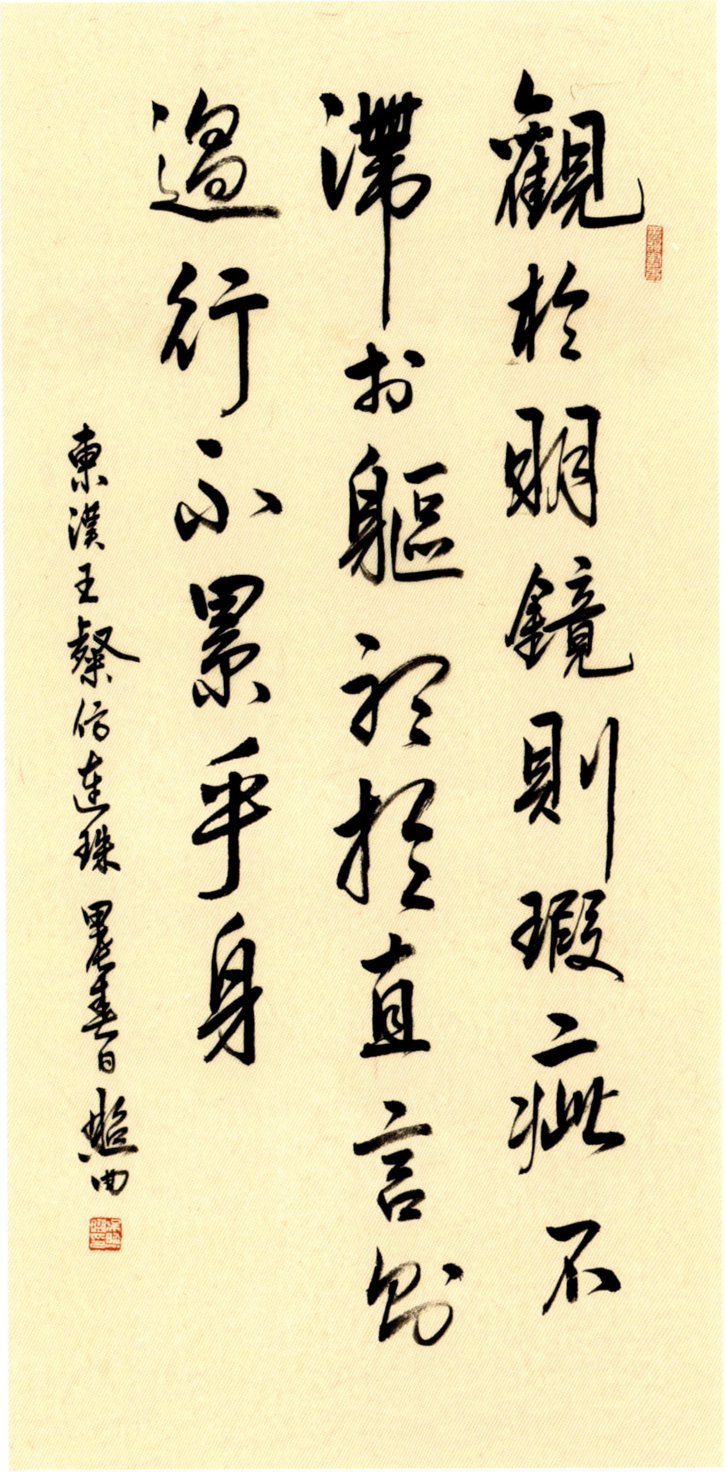

《仿连珠》节选

138cm×69cm

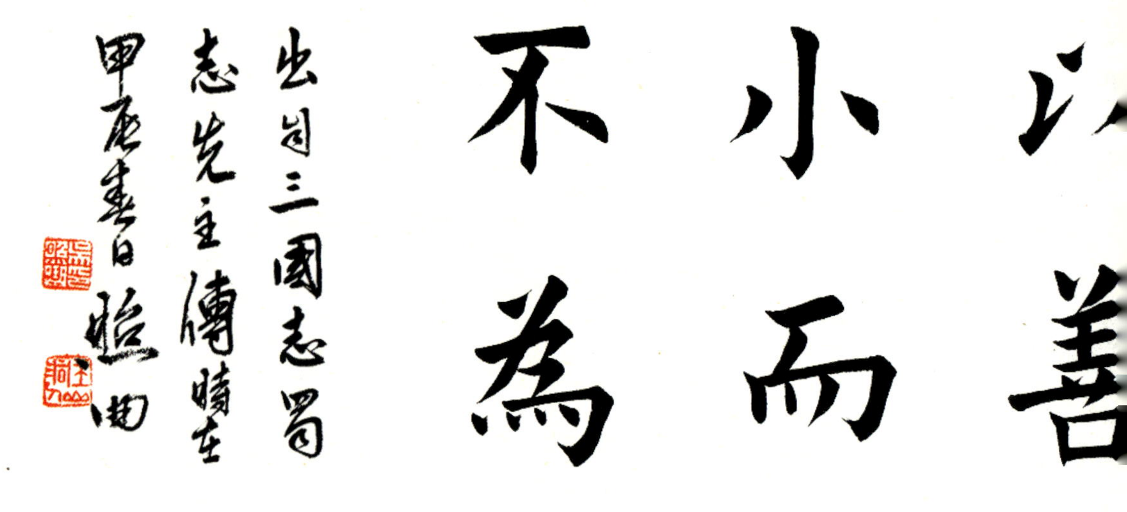

4.

勿以恶小而为之，勿以善小而不为。

《三国志·蜀志·先主传》节选

34cm×138cm

出自西晋时期陈寿所著的《三国志·蜀志·先主传》。意为不要因为坏事很小而去做，不要因为善事很小而不去做。

中国共产党所强调的“德”不仅仅是日常道德，更重要的是指政德。中国共产党在百年奋斗中培育了严格的组织纪律，对共产党人的个人品格有了更高要求。“明大德、守公德、严私德”正是道德建设的题中之义。只有做到“慎小”“慎微”，严把“小节”关，见微知著、防微杜渐，才能在灵魂深处筑起抵御各种诱惑的坚固长城，保持共产党人的浩然正气。

5.

天命之谓性，率性之谓道，修道之谓教。道也者，不可须臾离也，可离，非道也。是故君子戒慎乎其所不睹，恐惧乎其所不闻。莫见乎隐，莫显乎微，故君子慎其独也。

出自《礼记·中庸》。意为人的自然禀赋叫做“性”，顺着本性行事叫做“道”，按照道的原则修养叫做“教”。道是不可以片刻离开的，如果可以离开，那就不是道了。所以，品德高尚的人在没有人看见的地方也是谨慎的，在没有人听见的地方也是有所戒惧的。越是隐蔽的地方越是明显，越是细微的地方越是显著。所以，品德高尚的人在一人独处的时候也是谨慎的。

一时慎独易，时时慎独难。就党员领导干部而言，要深刻领悟古人“慎独”修身之精髓，时刻自查自省，注重加强自身修养，保持内心高洁与纯粹，尤其是在别人看不到的地方也不能放松对自己的要求，不要因为细小的事情而不拘小节，要始终做到不放纵、不越轨、不逾矩。

《礼记·中庸》节选

180cm×70cm

6.

念高危，则思谦冲而自牧；惧满溢，则思江海下百川；乐盘游，则思三驱以为度；忧懈怠，则思慎始而敬终；虑壅蔽，则思虚心以纳下。

出自唐代魏征所作《谏太宗十思疏》。意为想到身居高位的危险，就要想到谦虚待人而加强自我修养；害怕骄傲自满，就要想到江海有容得下百川的度量；喜爱狩猎游戏，就要以合围三面而留一面让猎物逃生为度；担忧慵懒松懈，就要想到始终谨慎；担忧受蒙蔽，就要虚心接纳群众意见。

谦虚谨慎是崇高品德和智慧的体现，也是深刻的人生哲理。它强调在处理人际关系和解决问题时，要保持谦虚、谨慎的态度，避免走极端；要充分展示自己的能力和才华，更要虚心听取他人的意见和建议，尊重他人的权利和利益。只有这样，才能确保自己始终保持头脑清醒，做出正确的决策。

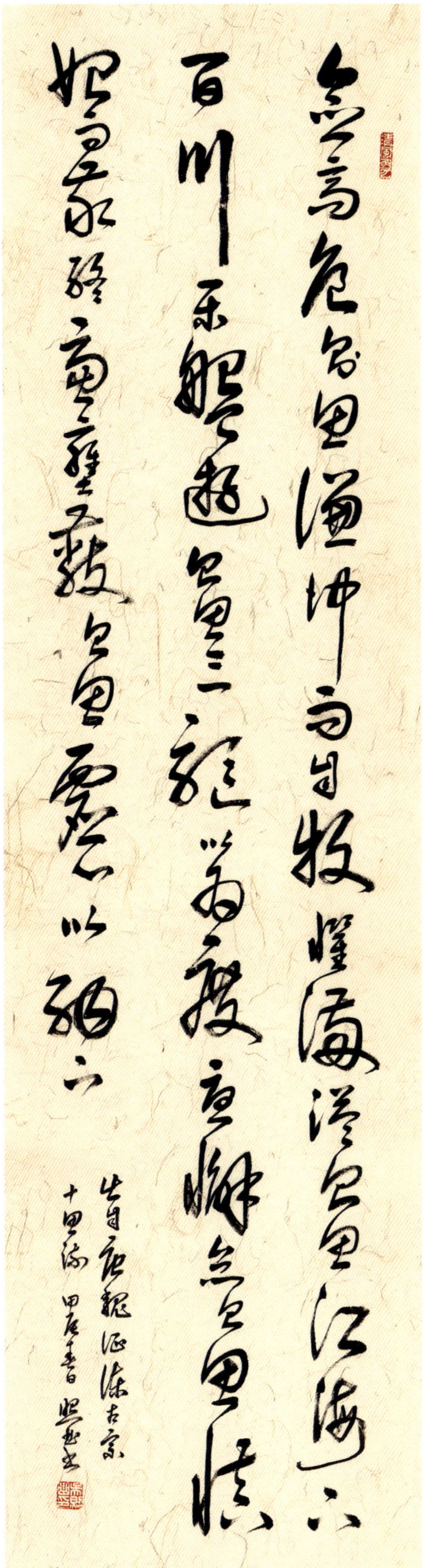

《谏太宗十思疏》节选

180cm×49cm

7.

治身养性，务谨其细，不可以小益为不平而不修，不可以小损为无伤而不防。

出自东晋葛洪所作《抱朴子·极言》。意为调养身体，修养心性，一定要注意生活中的细节，即使是极其微小的地方，也务必要谨慎对待，不能因为小的进步微不足道就不去修养，也不能因为小的损害对身体影响不大就不加以提防。

作为新时代的党员干部，要做到修身养性，就要养成认真对待小事的好习惯，从思想上杜绝任何私念、杂念和恶念，让自己的内心变得澄净，精神变得充实，意志变得坚定。

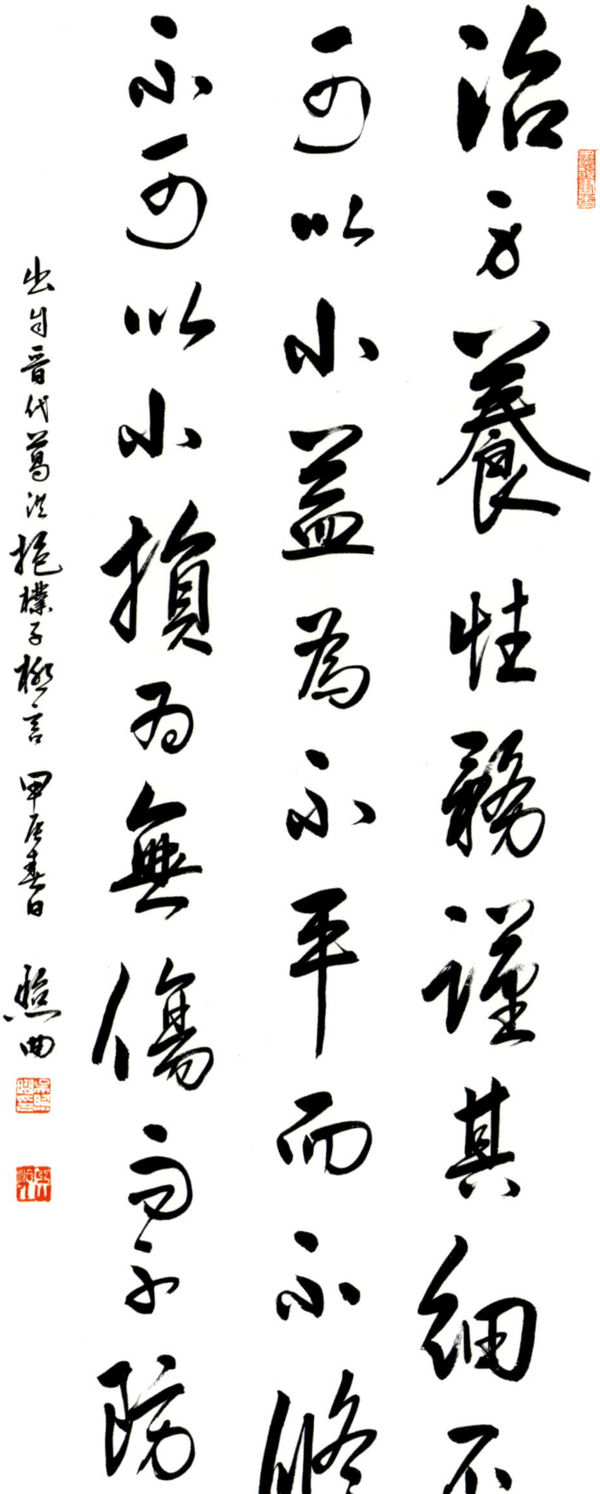

《抱朴子·极言》节选

138cm×69cm

8.

慎独则心安，主敬则身强，求仁则人悦，习劳则神钦。

出自清代曾国藩所作《诫子书》。这是曾国藩一生用以警惕的修己之道“日课四条”。意为个人在独处时谨慎小心，在任何时候就都会心安；在为人处世时有恭敬而庄重的态度，身体自然会不断强健；有爱心的人才能使人身心愉快；勤奋努力的人能够得到神明的敬重。曾国藩“日课四条”的修身思想，包含了个人修养由内而外、由心而身的修养道理。

人生就像一场修行，加强党性修养是党员干部一生的必修课。要常怀慎独之心，自警自省，强化自我修炼，用心感悟党性，用情滋养党性，在奋斗中锻造党性，在任何时候、任何场合，自觉抵制各种诱惑，做到清正廉洁。

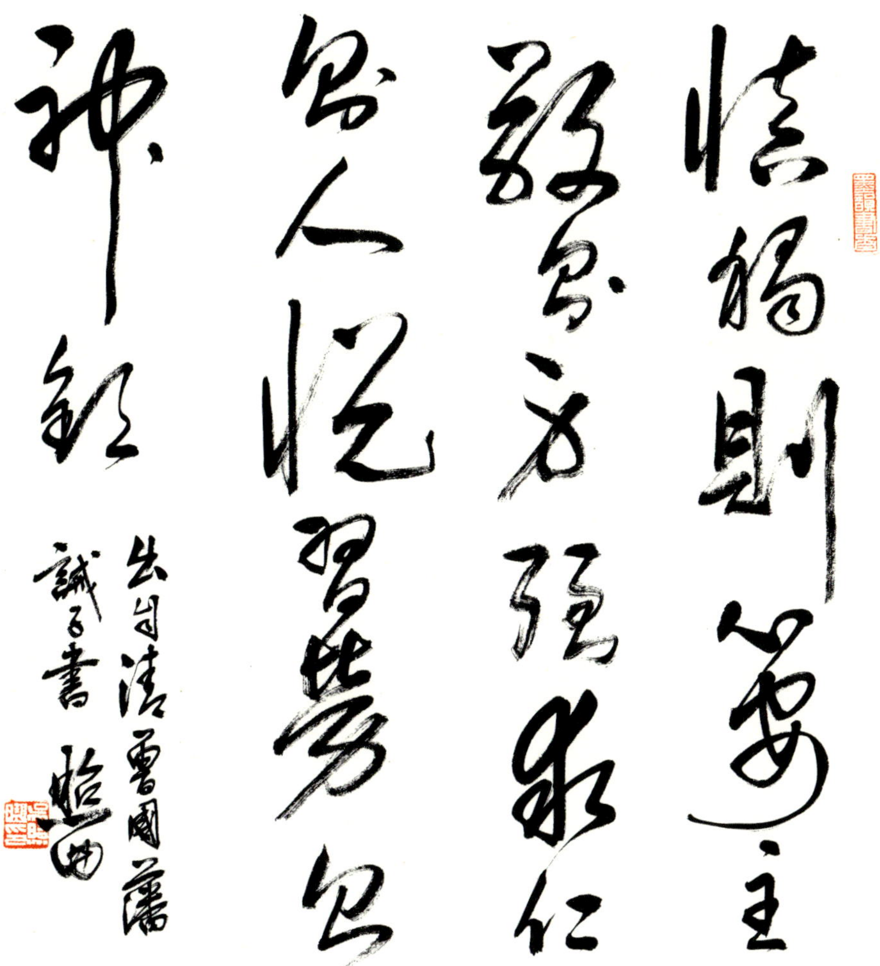

《诫子书》节选

69cm×68cm

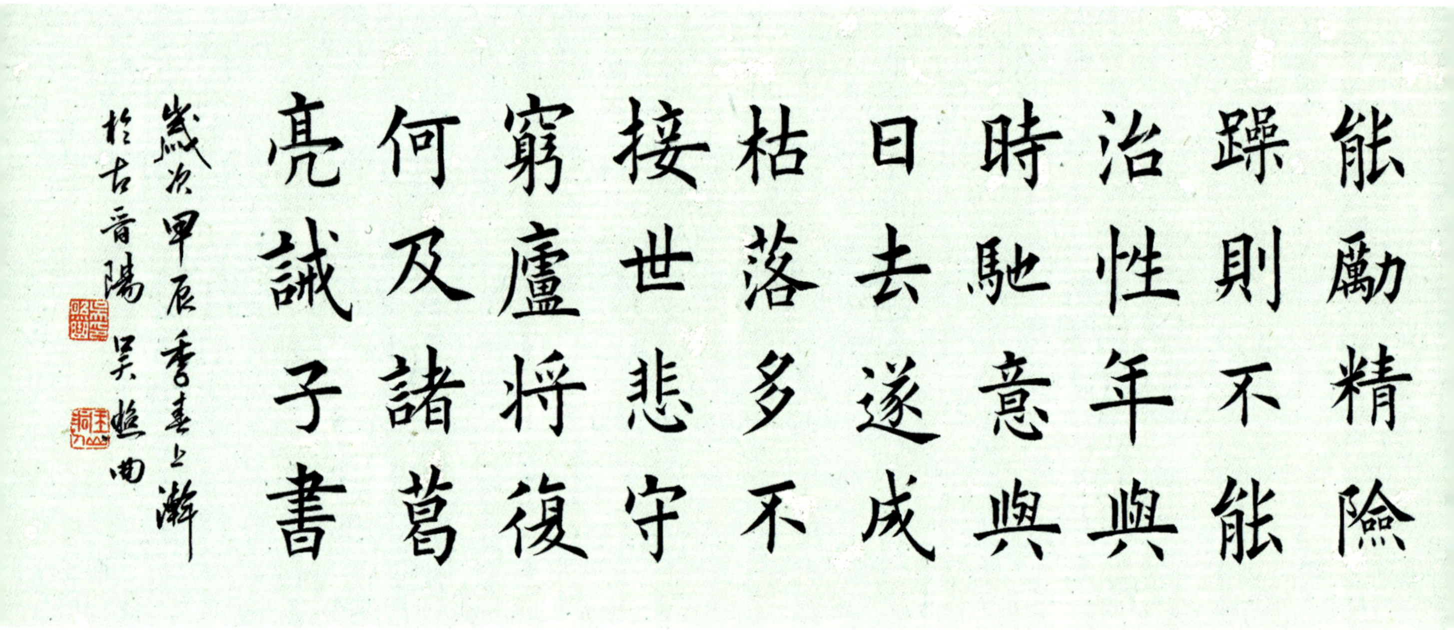

9.

夫君子之行，静以修身，俭以养德，非淡泊无以明志，非宁静无以致远。夫学须静也，才须学也，非学无以广才，非志无以成学。淫慢则不能励精，险躁则不能治性。年与时驰，意与日去，遂成枯落，多不接世，悲守穷庐，将复何及！

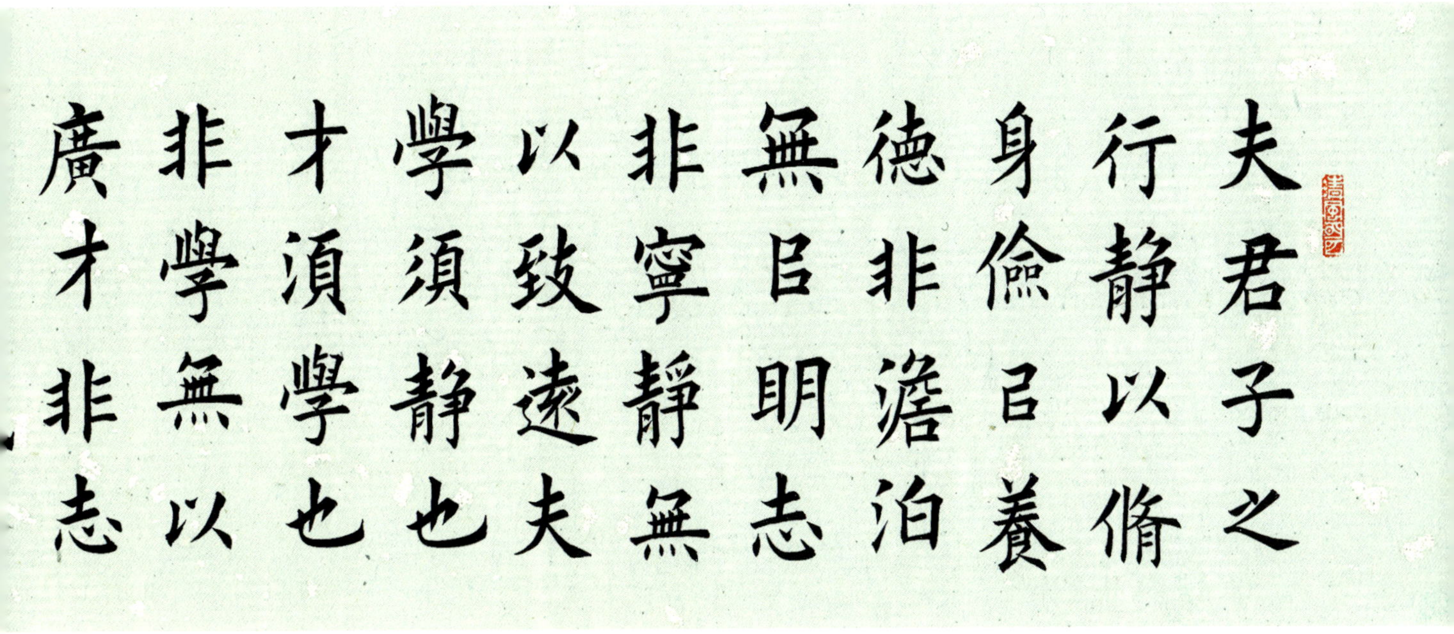

《诫子书》

41cm×248cm

出自汉末三国时期诸葛亮所作《诫子书》。意为品德高尚的人，依靠内心宁静专一来修养身心，以俭朴节约来培养品德。不恬淡寡欲就不会有明确的志向，不内心平静地专心学习就无法达到远大的目标。学习必须静心专一，才干也来自勤奋学习。不学习就无法增长自己的才干，不明确志向就不能在学习上获得成就。放松、懈怠就不能勉励心志、振奋精神，轻薄浮躁就不能修养性情。年华随同时光飞快逝去，意志随岁月而逐渐消逝，最终枯老衰落，这样的人大多不接触世事，对社会没有任何贡献，只能悲哀困守在自己破败的房子里，那时再悔恨又怎么来得及！

作为党员干部，必须做到心静智明，勤俭修身，做到在任何时候、任何情况下都能稳得住心神、管得住行为、守得住清白，永葆共产党人清正廉洁的政治本色。

10.

推诚为应物之先，强学为立身之本。
节俭为持家之基，清廉为从政之道。

出自《河东裴氏家训》。意为真诚是为人处世的基础，学习是个人成长和立足社会的根本。节俭是管理家庭维持生计的基石，清廉是从政者应当遵循的基本原则。在裴氏家族发展历程中，大多裴氏子弟年少有成，除了个人寒窗苦读、少而立志、自强不息，都与受到良好的家教有着必然联系。《河东裴氏家训》12条也涵盖了对后人“德、能、勤、绩、廉”等方面的要求。因此，裴氏家族虽声名显赫，却鲜有贪官污吏。可以说，裴氏家风培养了“廉”风，“廉”风成就了家风。

家风正，则民风淳；家风好，则政风清。习近平总书记曾多次在不同场合强调要“注重家庭、注重家教、注重家风”。党员干部的家风必修课，常修方能常新。一方面，党员干部要修其身、正其心，当严以律己的表率，做廉洁从政的典范；另一方面，要严家教、正家规，教育督促亲属不打旗号、不搞特权，筑牢遵纪守法、自立自强的观念。

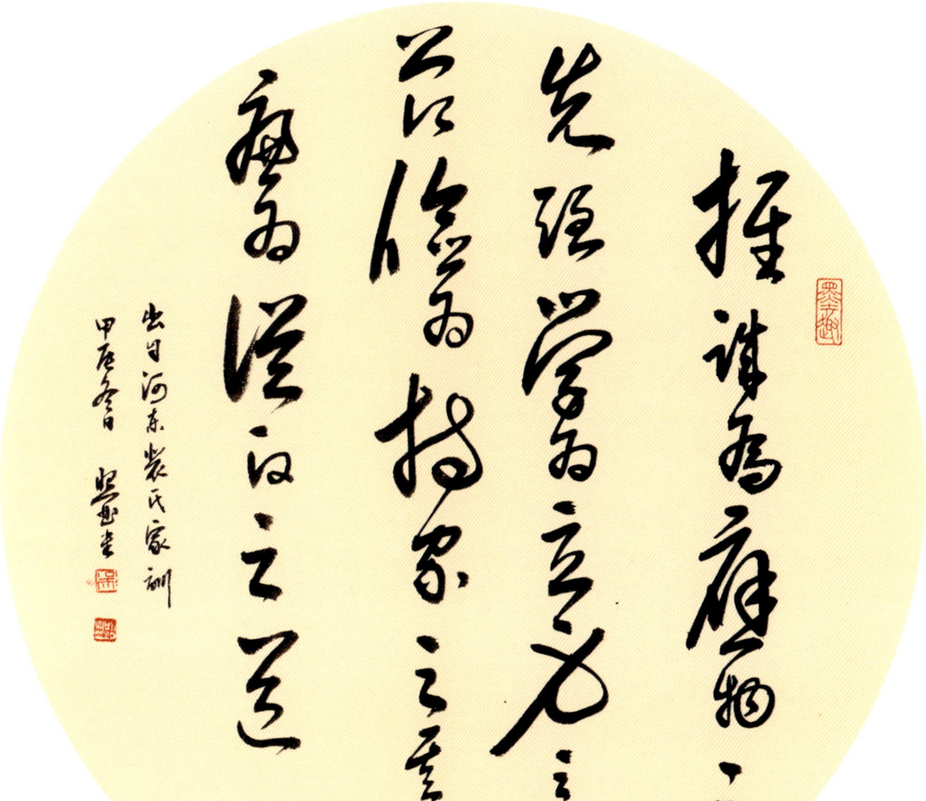

《河东裴氏家训》节选

50cm×50cm

11.

名节重泰山，利欲轻鸿毛。
所以古志士，终身甘缊袍。
胡椒八百斛，千载遗腥臊。
一钱付江水，死后有余褒。
苟图身富贵，朘剥民脂膏。
国法纵未及，公论安所逃。
作诗寄深意，感慨心忉忉。

出自明代于谦所作《无题》。纵观全诗，前四句一句一典故，意在告诫为官者，在诱惑面前怎么权衡名利的轻重，在贪廉较量中怎么坚守为官的本心。后三句抒发内心之感，同重利欲、轻名节者的下场作比，揭示其无处遁寻之悲；最后一句是作者表已心志：时时鉴史问廉于心，常思常省为官之道，坚守从政初心，自会“清风”拂面。

砥砺操守，磨炼意志，永远保持清正廉洁的名节，是党员领导干部的终身必修课。只有珍惜名节、崇尚操守，守住清正廉洁，才能为党和人民干出一番事业。

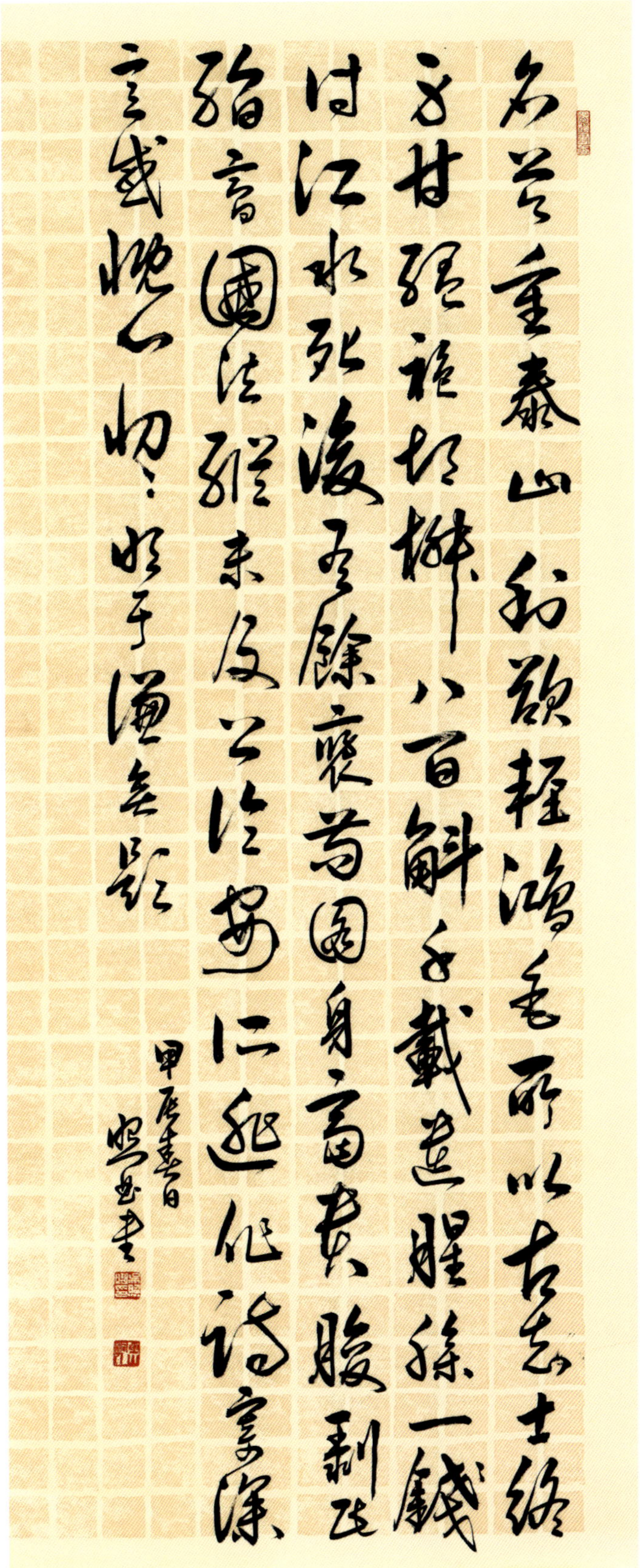

《无题》

173cm×73cm

12.

力微任重久神疲，再竭衰庸定不支。
苟利国家生死以，岂因祸福避趋之？
谪居正是君恩厚，养拙刚于戍卒宜。
戏与山妻谈故事，试吟断送老头皮。

出自清代林则徐所作《赴戍登程口占示家人·其二》。首联意为“我以微薄的力量为国担当重任，早已感到疲惫。如果继续下去，再而衰，三而竭，无论是自己衰弱的体质还是平庸的才干必定无法支撑”。颔联意为“只要有利于国家，我将不顾生死。难道能因为有祸就躲避，见福就趋附吗？”颈联意为“即使罢官回乡或流放边远地区，都得叩谢君恩。即使让我到边疆做一个‘戍卒’，对我正好是养拙之道”。尾联意为“我跟老伴开玩笑，这一会我也变成杨朴了，弄不好会送掉老命的”。

这首诗启示我们共产党人应有为国献身、不计个人得失的崇高精神，在国家利益面前应有责任感和担当精神。同时，也启示我们面对困难和挑战时，要保持清醒的头脑和正确的价值观，要有坚韧不拔的毅力和无私奉献的精神。

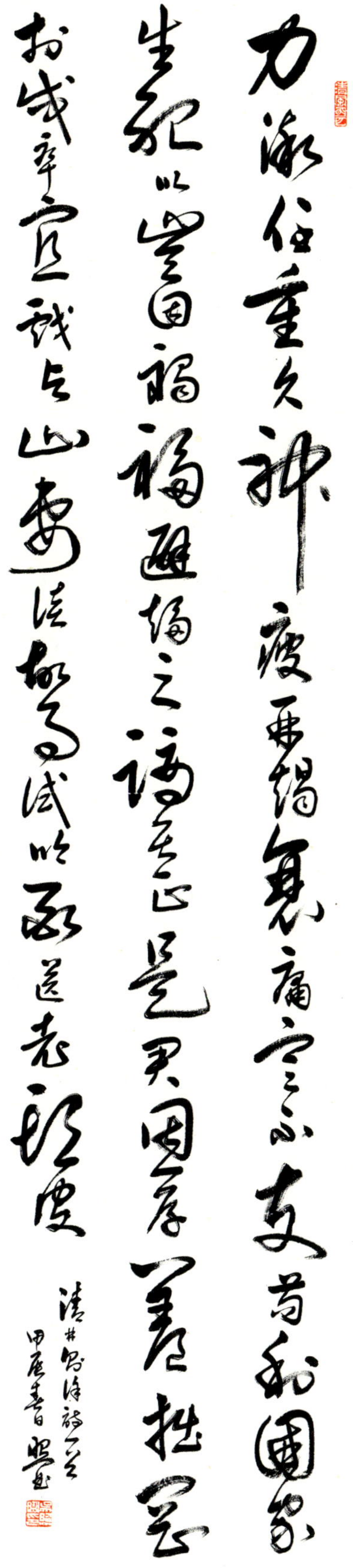

《赴戍登程口占示家人·其二》

180cm×49cm

13.

俭则约，约则百善俱兴；侈则肆，肆则百恶俱纵。

出自清代金缨所作《格言联璧·持躬》。意为节俭就能约束自己，能约束自己，许多好事就会产生；侈奢必然放纵自己，如果放纵自己，许多坏事便会滋长。

非俭无以养廉，非廉无以养德。党中央把节约粮食、制止餐饮浪费作为落实中央八项规定精神、纠治“四风”的重要方面，这也是在警醒党员干部要带头节俭。勤俭节约是每一位党员干部奋斗路上不可丢失的优良传统。

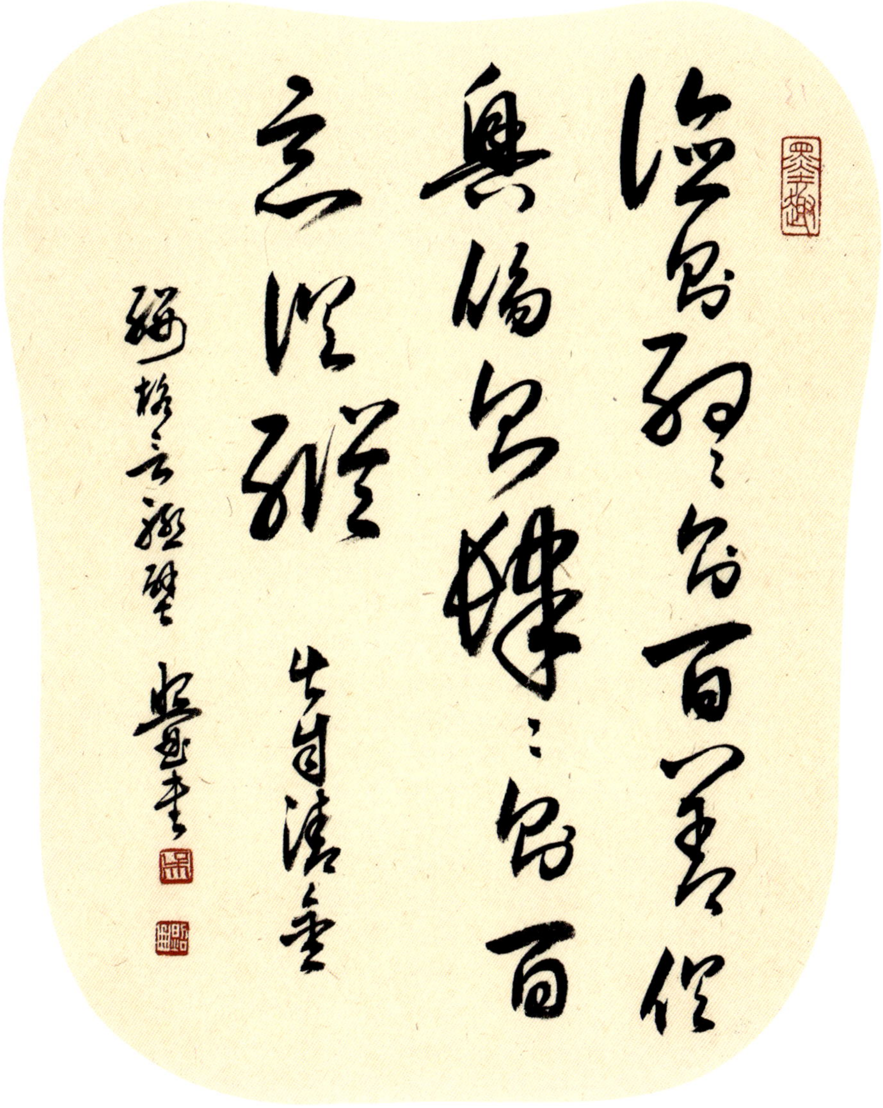

《格言联璧·持躬》节选

31cm×26cm

14.

君子博学而日参省乎己，则知明而行无过矣。

出自先秦时期荀况所作《荀子·劝学》。意为君子广泛地学习，并且经常把学到的东西拿来检查自己的言行。那么，就能明白道理而不至于犯错。

新时代党员干部应当“博学而日参省乎己”。不断学习能让人成为“明智之人”“有德之人”，增强分辨是非和拒腐防变的能力。同时，还要做到学习而不忘反省自己。既要做到自律，也要反思对家人、对亲朋的约束是否到位，避免膨胀堕落，真正做到“学有所思、学有所悟、学有所得”。

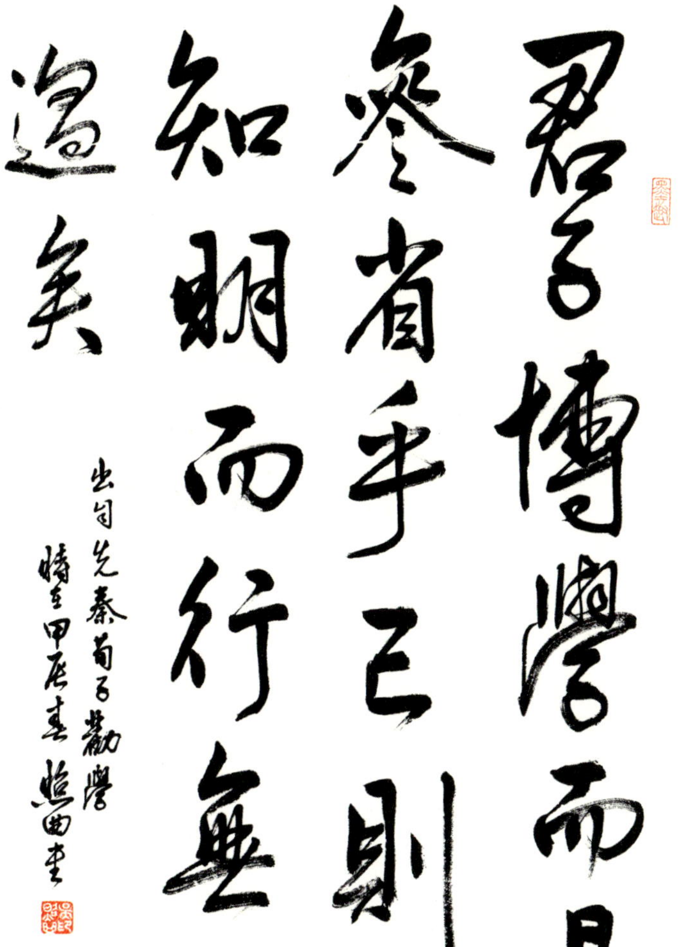

《荀子·劝学》节选

69cm×46cm

15.

己欲立而立人，己欲达而达人。

出自《论语·雍也》。意为自己要立足，也要帮助别人立足；自己要事业通达，也要帮助别人事业通达。这是儒家处世之道的重要原则，即以衷恕之道对待他人，达到推己及人、和谐共生的境界。

对于党员领导干部而言，做到己立立人、己达达人，既是安身立命的根基所在，也是执政用权的价值指向。党员干部就应该做到对自己多一分严格要求，对他人少一些求全责备。做到己达达人，关键是推己及人、推恩于人，以己之暖则思天下之寒，以己之足则思百姓之饥，把群众冷暖始终挂在心头，把万家忧乐始终放在心上。这样，才能心怀群众，为民服务。

《论语·雍也》节选

97cm×34cm

16.

持己当从无过中求有过；
待人当于有过中求无过。

出自清代金缨所作《格言联璧·接物》。意为要求自己的时候，要从没有错误中发现错误；对待别人时即使其有过错，也要从中发现他的优点。

此言意在告诫广大党员干部，要严以律己、宽以待人。要成为好干部，就要不断加强党性修养，加强品格陶冶。要时刻用党章和党员标准要求自己，自重、自省、自警、自励。要有“与人不求备，检身若不及”的精神，老老实实做人，踏踏实实干事，清清白白为官。

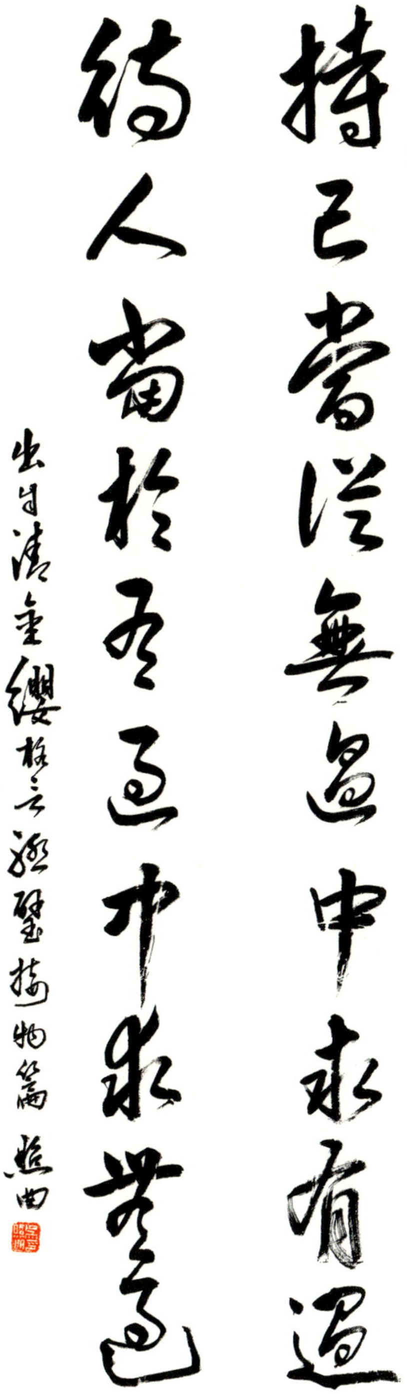

《格言联璧·接物》节选

138cm×58cm

17.

心能辨事非，处事方能决断；人不忘廉耻，立身自不卑污。

出自清代王永彬所作《围炉夜话》。意为心中能辨别什么是对的、什么是错的，在处理事情的时候，就能毫不犹豫地决定该怎么办；人能不忘记廉耻之心，在社会上为人处世，自然就不会做出任何卑鄙污秽的事。

党员干部要时刻保持清醒头脑和道德操守。只有把党的纪律规矩牢记于心，才能在立身上不忘做人之本、为政上不移公仆之心、用权上不谋一己之私；才能在面对公与私、义与利、是与非、正与邪时做出正确的选择；才能守住底线、不越红线、不碰高压线，坚守共产党人的政治本色，涵养为官从政的政治品格。

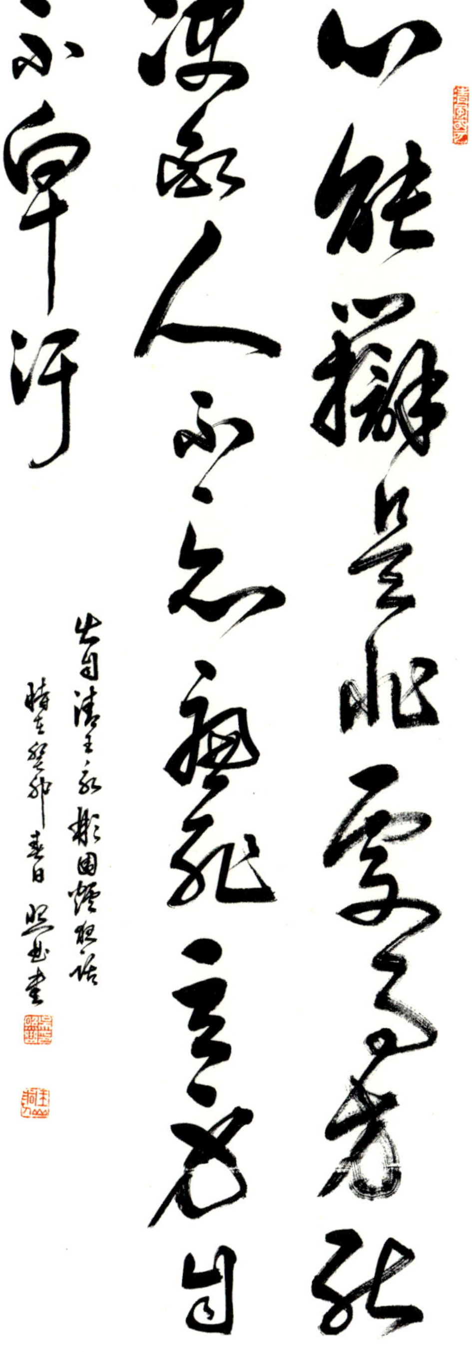

《围炉夜话》节选

138cm×48cm

18.

惟敬可以胜怠，
惟勤可以补拙，
惟俭可以养廉。

出自清代张伯行所作《困学录集粹》。意为只有心存敬畏才可以克服精神懈怠；只有勤奋才可以弥补天资不足；只有俭朴才可以保持清正廉洁。

“敬、勤、俭”在国家建设中具有十分重要的意义。对党员干部而言，要讲规矩、知敬畏、存戒惧、守底线，时刻把党的政治纪律和政治规矩放在首位。保持清醒头脑，洁身自好，守住清廉，做好勤勉敬业的表率。

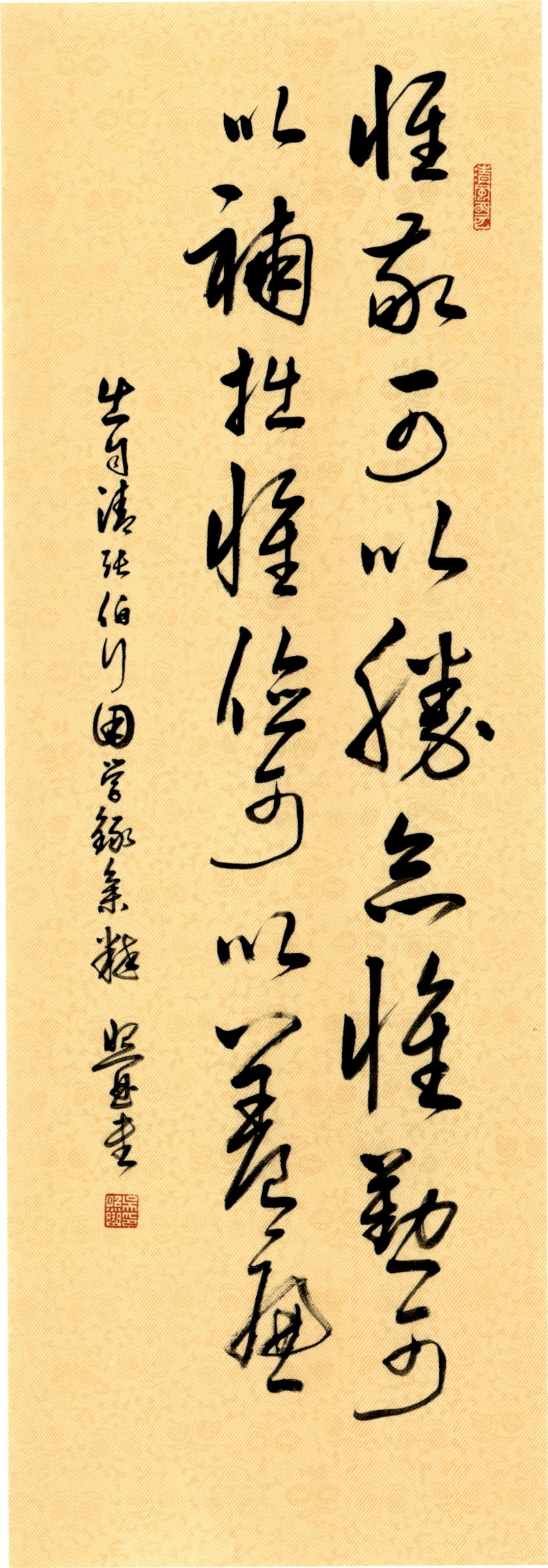

《困学录集粹》节选

124cm×45cm

19.

礼义廉耻，可以律己，不可以绳人。律己则寡过，绳人则寡合，寡合则非涉世之道。故君子责己，小人责人。

出自宋代林逋所作《省心录》。意为礼义廉耻，可以用来要求自己，不可用来要求别人。要求自己则能少犯过失，要求别人则难以与人和睦相处，难以与他人相处就不合乎处世之道。所以，君子只严格要求自己，小人则对别人求全责备。

党员领导干部的道德修养，不仅关系个人品德，而且关系党的整体形象。轻财才能汇聚众人，量宽才能容纳众人，严于律己才能让众人信服，身先士卒才能率领众人。具备了这些基本素质，才能成为政治合格、德才兼备的领导干部。

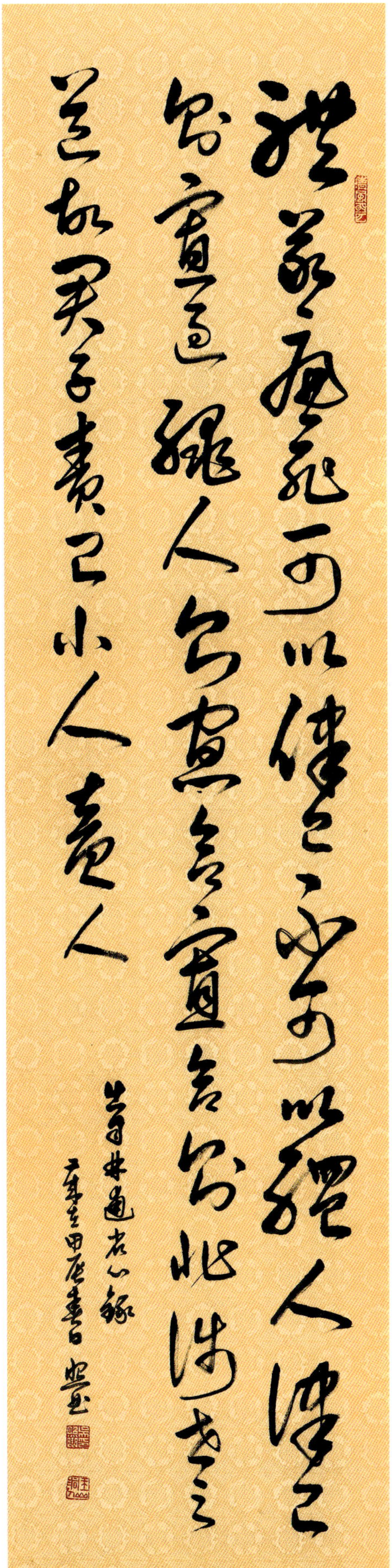

《省心录》节选

180cm×49cm

20.

秋蝉啼枯枝，朝夕饮风露。岂无百虫食，政以廉洁故。黄昏鸣声悲，似欲有所诉。不受丹鸟知，反逢螳螂怒。陨身亦何辞，吾能改其度。

出自明代宋濂所作《拟古·其二》。意为秋蝉在枯枝上啼鸣，早晚都只以风露为食。虽然也有很多虫子可以作为食物，但因为廉洁的性格而不去贪吃。黄昏时分，秋蝉的鸣声显得尤为悲凉，似乎有所倾诉。其他动物听不懂它的呼唤，甚至遭遇了螳螂的愤怒。即使面临死亡的危险也不畏惧，更不会改变自己高洁的品质和坚定信念。这首诗以秋蝉自喻，表达了一种高洁不屈、坚守本心的精神。

初心和使命是中国共产党人的指路明灯。不论时代如何变化，不论遇到什么困难，党员干部都要坚定理想信念，坚守初心使命，时刻保持高尚的道德品质、良好的职业操守和廉洁的政治本色。只有筑牢思想防线，提高拒腐防变能力，才能赢得人民群众的信任和支持。

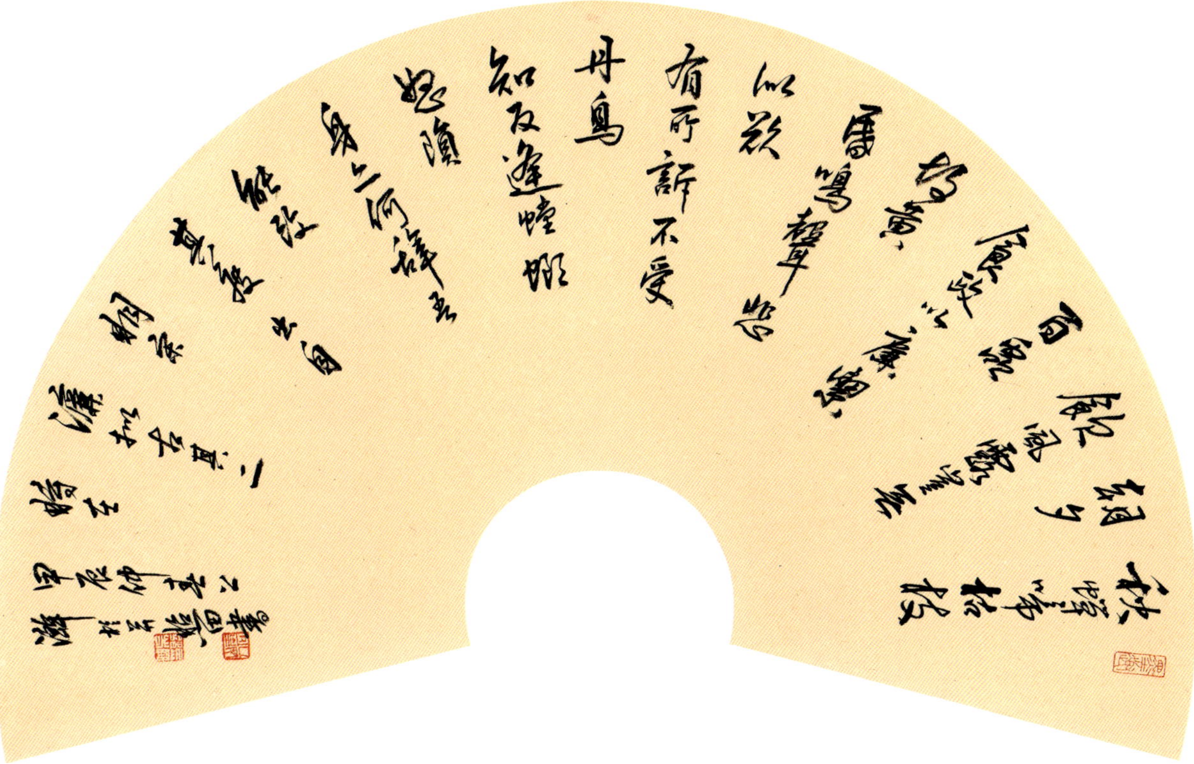

《拟古·其二》

28cm×66cm

[楹联对联]

1.

世间清品至兰极；
贤者虚怀与竹同。

出自皇城相府的楹联。意为兰花的香气很淡、很清香，人的品性应如兰花一样清雅质朴；竹里面是空的，贤人的心胸应像竹一样可以容纳事物，虚怀若谷，清气若兰。在皇城相府，每一副楹联匾文都启人心智、立意深邃，或寄托主人情怀、或教化子孙后代，成为治家教子、修身处世的重要载体。这些名联也时刻提醒后人要“修德”“敬业”“耕读”“履和”。

做官先做人，做人先立德。德是领导干部的从政之基、立身之本。每一位党员干部都要始终牢记自己的第一身份是共产党员、第一职责是为党工作、第一素养是始终有品行，自觉地坚持公私分明和修身为本。

山西省晋城市皇城相府楹联

97cm×22cm×2

2.

忠厚培心和平养性；
诗书启后勤俭传家。

出自乔家大院德兴堂北院的楹联。意为以忠诚厚道修养内心，用心平气和调养性情；以诗书教导后辈，把勤俭作为传家美德。乔家家规家训众人皆知，24字“六不准”家规，更是成就了百年晋商传奇。此联告诫后人，要在社会上立足，成就事业，必须重修养、行正路、做善事。要以诗书礼仪和言传身教让后辈在潜移默化中受到教育和熏陶，自然会形成端正、和善、诚信、勤俭、儒雅的家风。

对于党员领导干部来讲，家风与党风、政风、民风、社风息息相关。有了严格的家风，才能锻造自身的严实作风，还要对亲属子女做到教之以至理、严之以规矩、导之以正道。这样，才能守住家中的“廉洁门”，才能永葆共产党人的党性政德和道德操守。

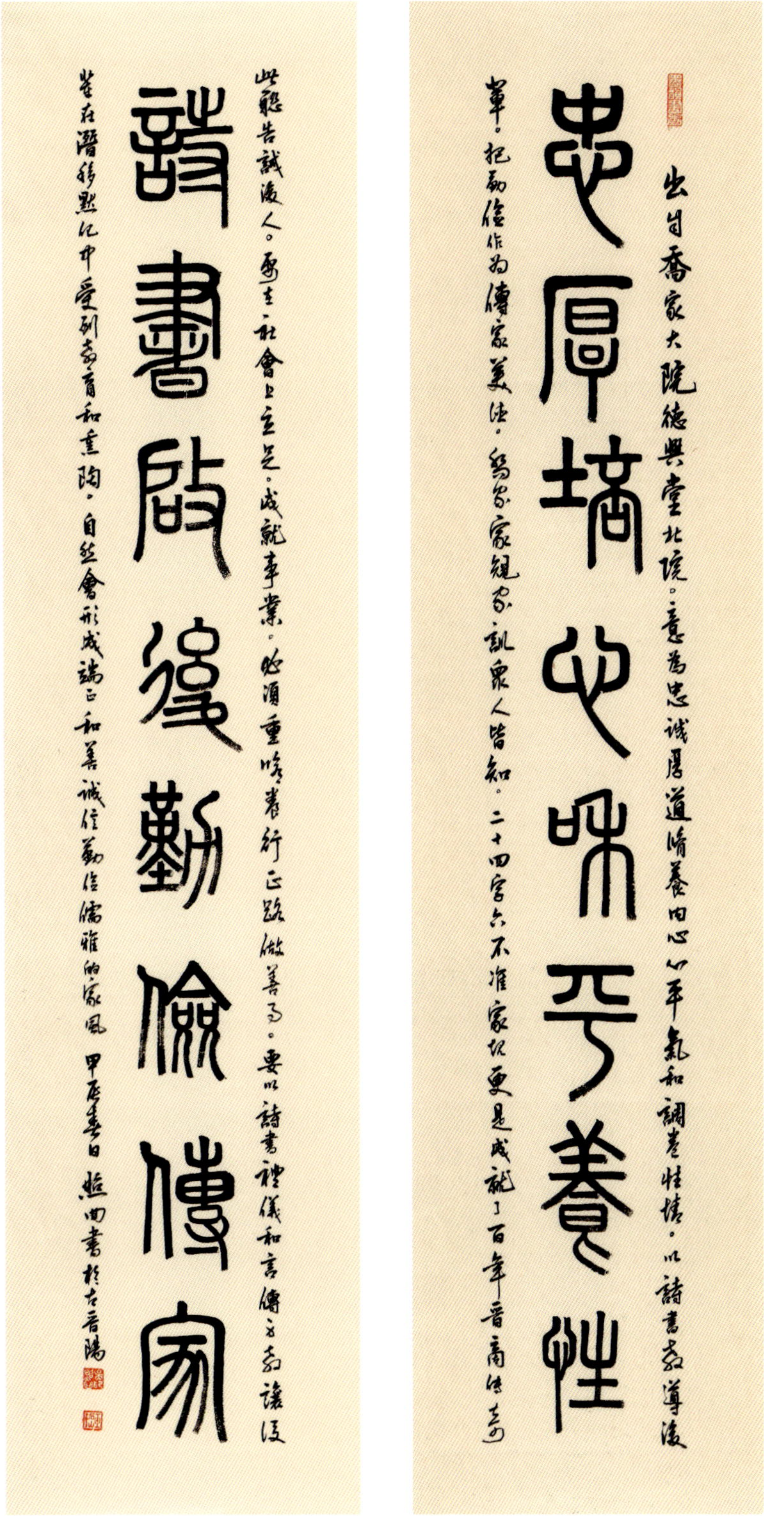

山西省晋中市乔家大院德兴堂北院楹联

144cm×35cm×2

翰墨清风

第五部分

嚴正家風

［诗句格言］

1.

一粥一饭，当思来处不易；
半丝半缕，恒念物力维艰。

出自清代朱柏庐所作《朱柏庐治家格言》。意为对于一碗粥或一顿饭，我们应当想着来之不易；对于衣服的半根丝或半条线，我们也要常念着这些物资的生产是很艰难的。

勤俭节约是中华民族的传统美德，是良好家风的重要组成部分。党员干部要认真落实中央八项规定及其实施细则精神，增强勤俭节约意识，坚决抵制享乐主义和奢靡之风，带头践行廉洁自律、勤俭节约的好风尚。

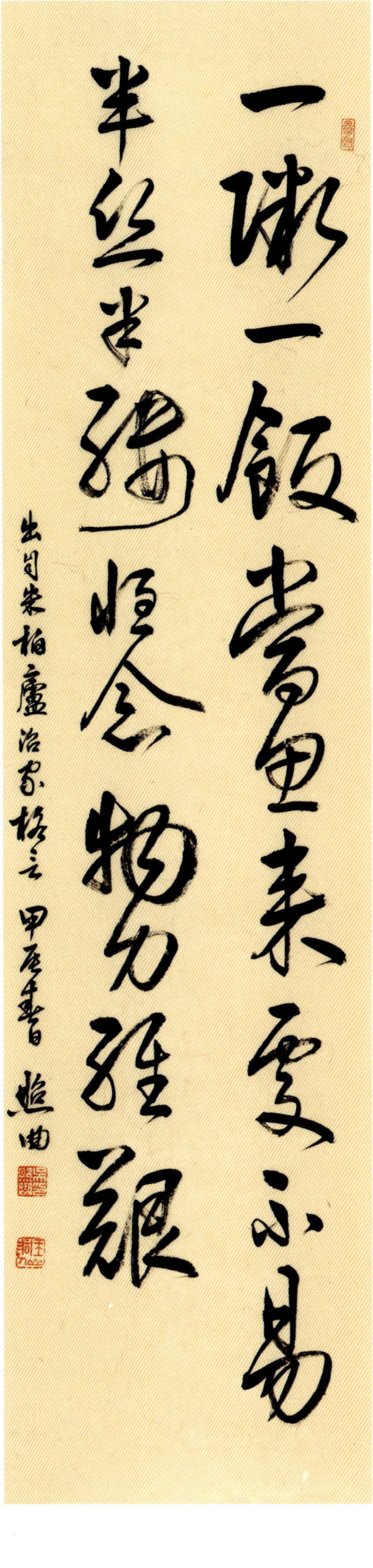

《朱柏庐治家格言》节选

138cm×34cm

2.

克勤于邦，克俭于家。

出自《尚书》。意为应在国家事业上能够勤劳，在家庭生活中能够节俭。

勤劳节俭是修身、齐家、治国的美德，也是一笔宝贵的精神财富。广大党员干部要廉以修身、俭以持家，以身作则、率先垂范，带头做勤俭节约、艰苦奋斗的模范。

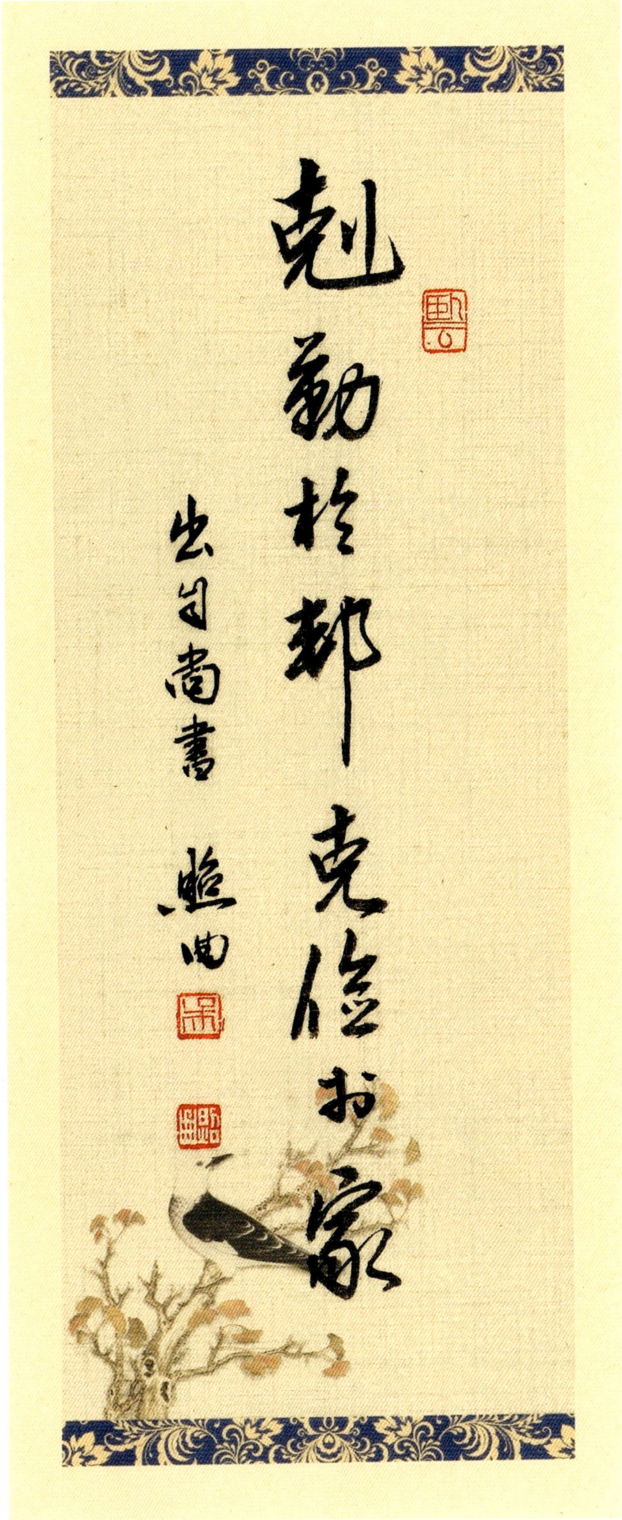

《尚书》节选

34cm×17cm

3.

人禀天地正气，原为万物之灵。家齐而后国治，正己始可修身。圣贤千言万语，无非纲纪人伦。竭力孝养父母，劬劳恩似海深。

出自北宋苏洵所作《安乐铭》。意为人先天具有坚毅不屈的浩然正气，是世间万物中最具有灵性的。家庭秩序井然，才能安定治理国家。个人要修身养性，首先要从自我端正做起。圣贤所说的千言万语，归根结底都是为了规范和指导人与人之间的伦理关系。我们应该竭尽全力去孝养父母，因为父母养育我们的恩情比海还深。

“天下之本在国，国之本在家”。家庭是社会的基本细胞。千千万万家庭的好家风才能支撑起全社会的好风气。每一位党员领导干部都要把家风建设摆在重要位置，在管好自己的同时，管好“枕边人”“膝下人”和“身边人”。

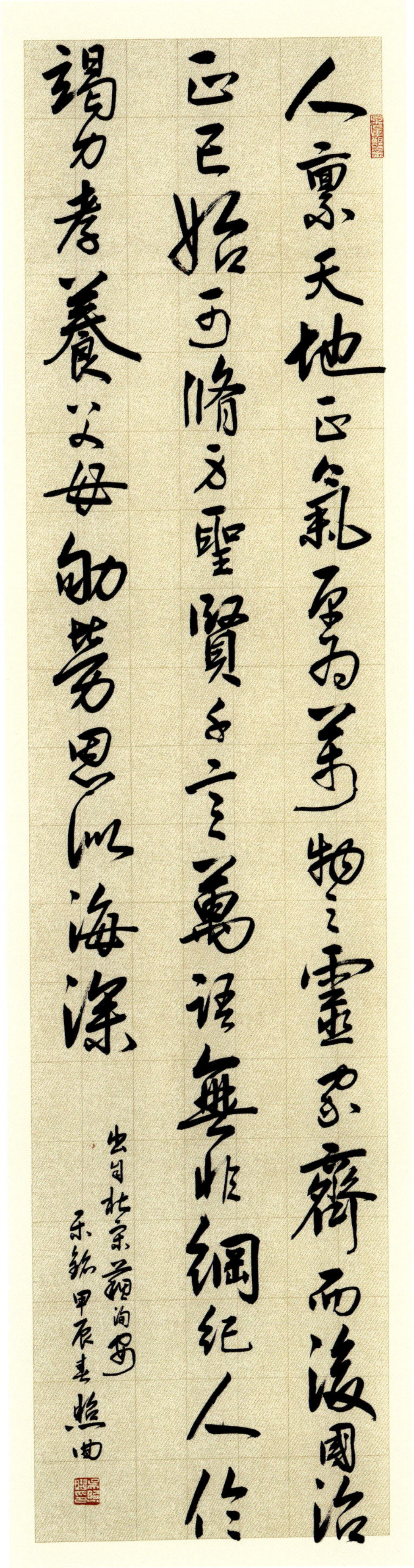

《安乐铭》节选

180cm×49cm

4.

勤能补拙，俭以养廉。
丰家裕国，莫此为先。
秃惰奢靡，祸害无边。
惜时爱物，居安乐天。

出自《河东裴氏家训》第七条“居家勤俭”。意为勤奋能够弥补不足，节俭可以培养廉洁的作风。家庭殷实，国家富裕，无不把勤俭放在首位。懒惰奢靡，祸害无穷。要珍惜当下，爱护家物，居安思危，乐天知命。

勤俭节约是我们党一以贯之的优良作风，新时代党员干部要将勤俭节约内化于心、外化于行，切实做勤俭节约的模范。

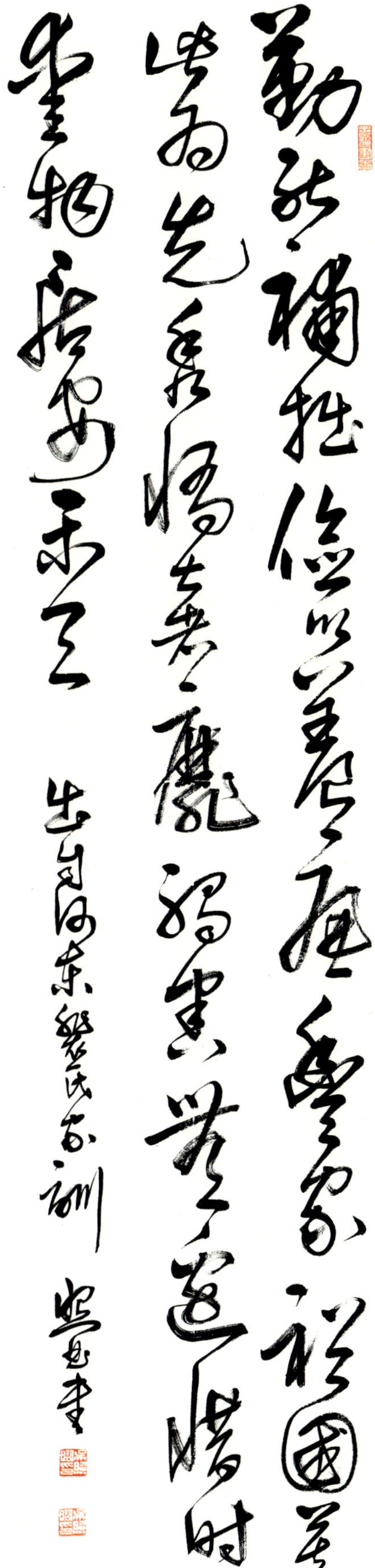

《河东裴氏家训》节选

180cm×49cm

5.

士子幸而上达，身虽显贵，居家切要勤俭，不可奢靡。待人务宜谦光，不可骄傲。

出自清代于成龙所作《于氏家训》。意为读书人有幸被选中任用，身份虽然尊贵显耀，但居家一定要勤俭，不可以享乐奢靡。对待他人务必要谦虚坦荡，不可以骄傲。

家风是社会风气的重要组成部分，要将弘扬中华民族家庭美德与树立良好家风结合起来，让党员干部特别是领导干部带头抓好家风，以千千万万家庭的好家风推动社会风气持续向好。

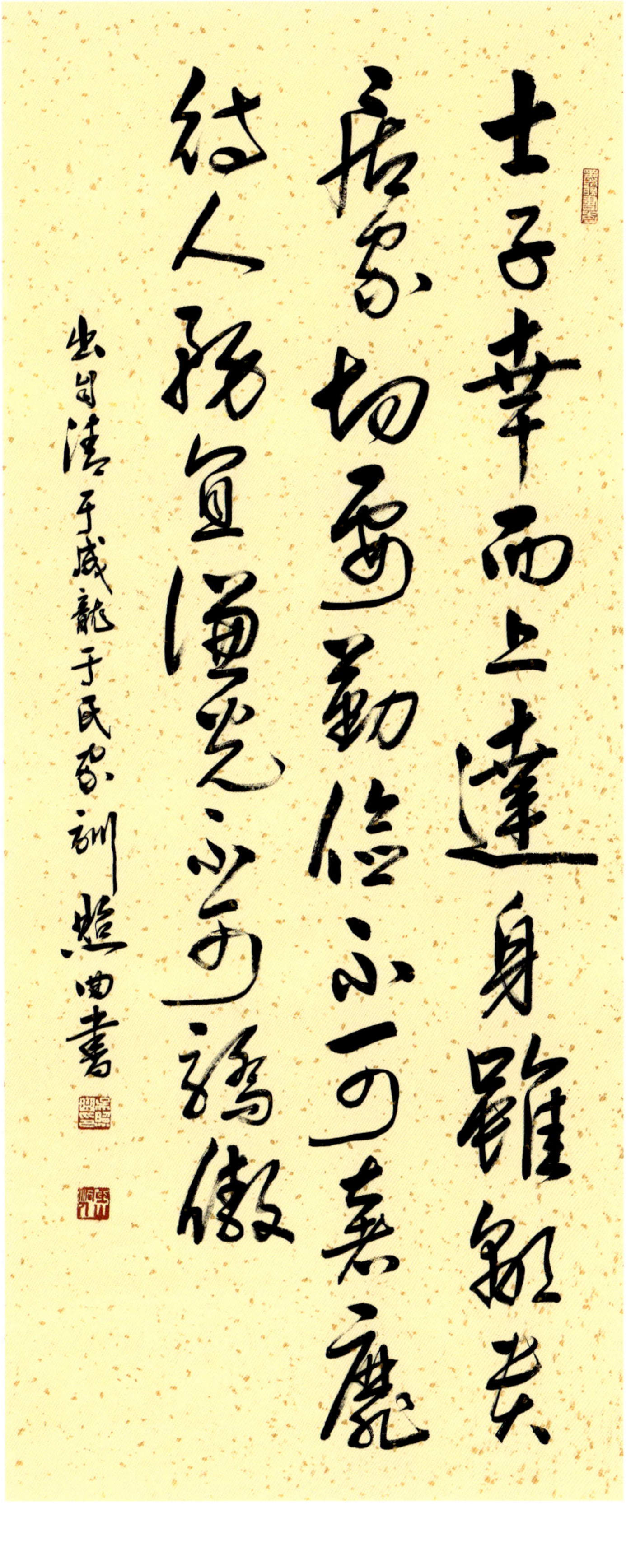

《于氏家训》节选

138cm×69cm

6.

囊如脱叶风前尽，枕伴栖乌夜未安。
凭寄吾宗诸子姓，清贫耐得始求官。

出自清代陈廷敬所作《戒子孙》。意为我的钱袋如同落叶一样可随风飘去，枕边伴随着乌鸦的啼叫声，让人难以安眠。因此，我寄语宗族的子孙后辈，只有耐得住清贫，才有资格去求官与做官。

廉洁自律是党员干部的立身之本，也是为官从政所必备的品质。一名合格的党员干部要时刻严于律己，把政治纪律和政治规矩常挂于心，守住底线，始终做到务实清廉。

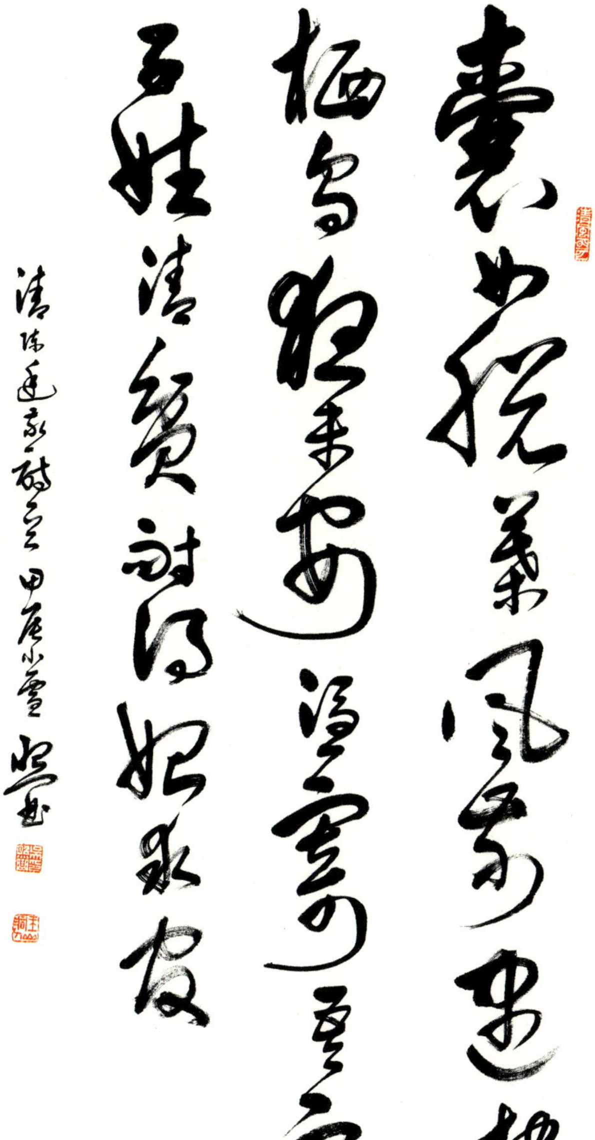

《戒子孙》节选

138cm×69cm

7.

苟非吾之所有，虽一毫而莫取。惟江上之清风，与山间之明月，耳得之而为声，目遇之而成色，取之无禁，用之不竭。是造物者之无尽藏也，而吾与子之所共适。

出自北宋苏轼所作《赤壁赋》。意为世间万物都有其归属，若不是自己应该拥有的，即使是一分一毫也不能求取。只有江上的清风，以及山间的明月，听到便称其为声音，看到便称其为形色，拿取它们，无人禁止，使用它们，无穷无尽。这是大自然恩赐的无穷无尽的宝藏，而我和你可以共同享受。

用权不谋一己之私，是为政用权的底线。党员干部要常思贪欲之害，崇廉拒腐，尚俭戒奢，切莫因一时贪念，葬送自己的前程，断送自己和家人的幸福。

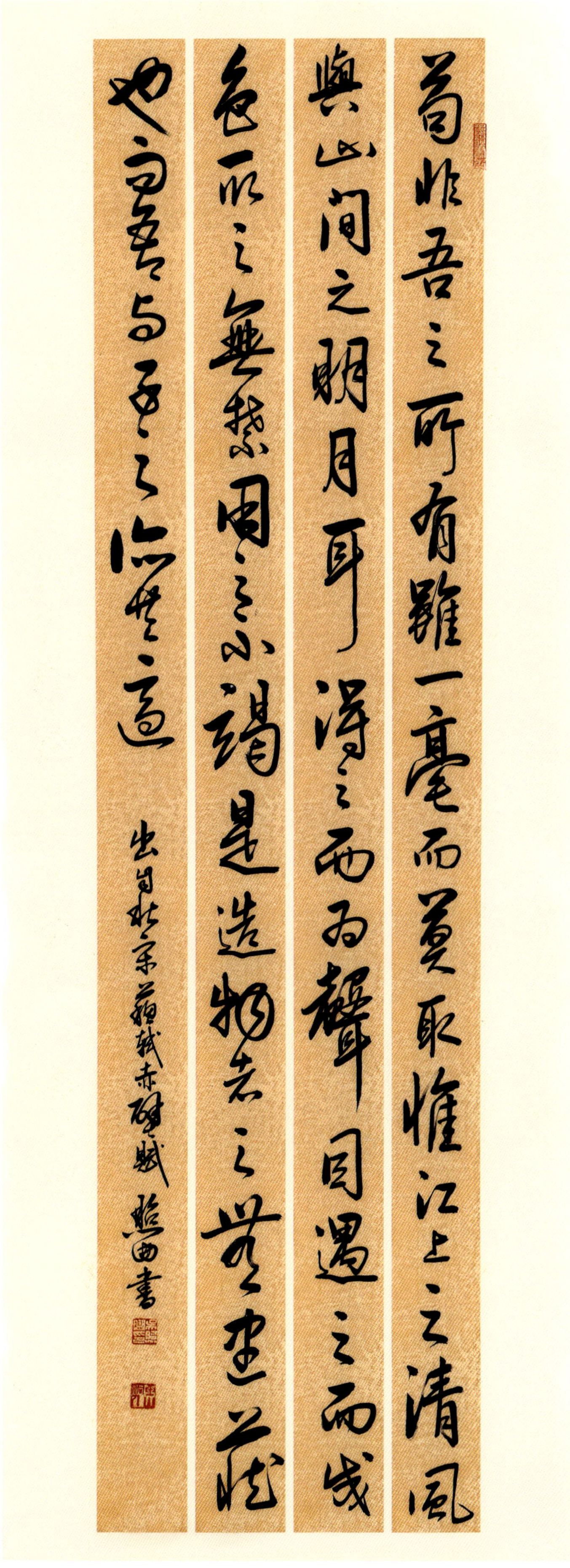

《赤壁赋》节选

180cm×70cm

8.

古人学问无遗力，少壮工夫老始成。纸上得来终觉浅，绝知此事要躬行。

出自南宋陆游所作《冬夜读书示子聿》。意为古人做学问是不遗余力的，少年时的努力往往要到老年才取得成就。从书本上得来的知识毕竟是肤浅的，如果想要深入理解其中的道理，必须要亲身实践才行。

领导干部要发扬理论联系实际的马克思主义学风，不仅要把理论知识学深学透，而且要带着问题学，自觉拜人民为师，做到问计于民、问需于民，才能真正为人民群众谋福祉。

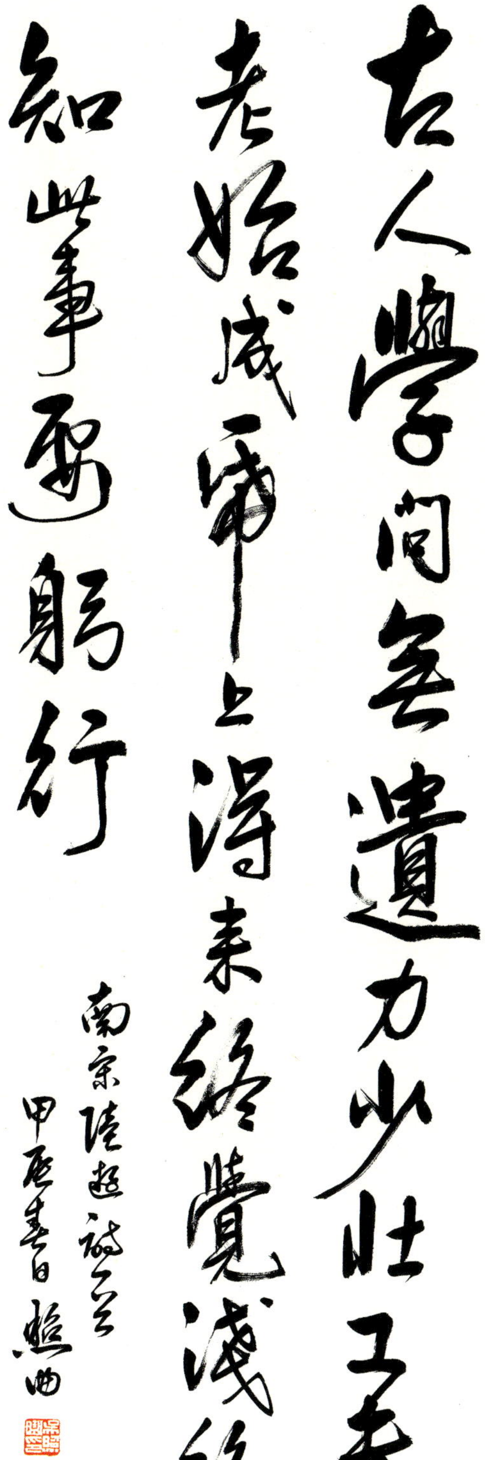

《冬夜读书示子聿》节选

138cm×69cm

9.

奢靡之始，危亡之渐。

出自北宋欧阳修、宋祁等编撰的《新唐书·列传第三十·褚遂良》。意为奢靡的开始就是国家危亡的征兆。不良风气往往从看似不经意的小事小处萌发，如果听之任之、不加遏制，就会在不知不觉中蔓延开来。

作风问题是关系党生死存亡的重大问题，本质上是党性问题。广大党员干部必须深刻认识作风建设的极端重要性和紧迫性，牢固树立为党和人民事业不懈奋斗的理想信念，永葆清正廉洁的政治本色。

《新唐书·列传第三十·褚遂良》节选

50cm×50cm

10.

积善之家，必有余庆；积不善之家，必有余殃。

出自《周易》。意为常常做好事的人家一定会福泽深厚，常常做坏事的人家一定会遭到祸殃。

家风是社会风气的重要组成部分。家风好，就能家道兴盛、和顺美满；家风差，难免殃及子孙、贻害社会。党员干部要把家风建设摆在重要位置，注重对家庭成员的品德教育，从严管理好家属和身边人。

《周易》节选

138cm×34cm

11.

山不在高，有仙则名。水不在深，有龙则灵。斯是陋室，惟吾德馨。苔痕上阶绿，草色入帘青。谈笑有鸿儒，往来无白丁。可以调素琴，阅金经。无丝竹之乱耳，无案牍之劳形。南阳诸葛庐，西蜀子云亭。孔子云："何陋之有？"

出自唐代刘禹锡所作《陋室铭》。意为山不在于高，有了仙人就有了名气；水不在于深，有了龙就显得有了灵气。这是简陋的房子，只是我（住屋的人）品德好（就感觉不到简陋了）。长到台阶上的苔痕颜色碧绿，草色青葱，映入帘中。到这里谈笑的都是博学之人，交往的没有知识浅薄之人，可以弹奏不加装饰的琴，阅读珍贵的佛经。没有弦管奏乐的声音扰乱，没有官府的公文使身体劳累。南阳有诸葛亮的草庐，西蜀有扬子云的亭子。孔子说："这有什么简陋的呢？"。全文短短81字，作者借赞美陋室抒写自己志行高洁、安贫乐道、不与世俗同流合污的意趣，传达的是一种追求高尚道德、淡泊名利的为官处事之道。

个人名利淡如水，党的事业重如山。孔繁森、焦裕禄、王进喜……一个个熟悉的名字，昭示的是初心使命，体现的是责任担当。党员干部要把责任看重一点，把名利看轻一点，坚定理想信念，端正价值追求，埋头苦干实干，努力为党和人民的事业添砖加瓦，才能无愧于"共产党员"这个光辉之"名"。

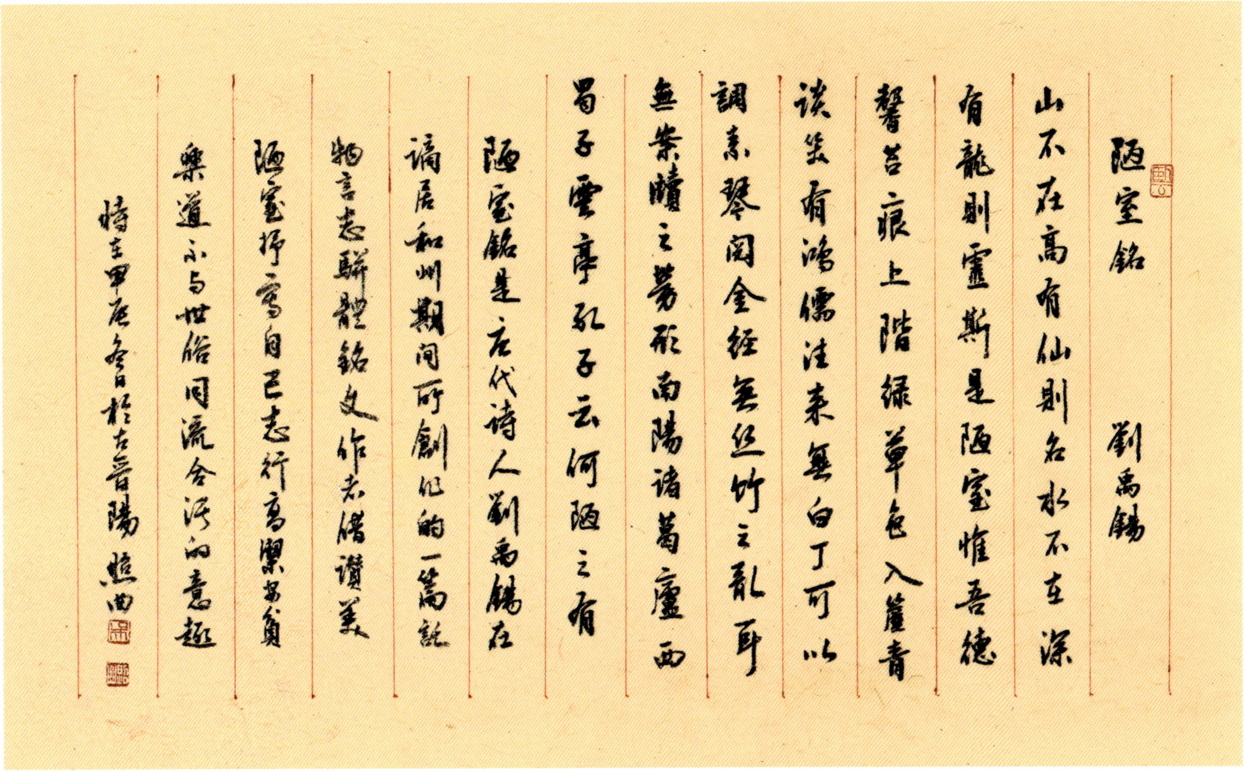

《陋室铭》

32cm×54cm

12.

莫用三爷，废职亡家。

出自清代汪辉祖所作《学治臆说》。“莫用三爷，废职亡家”是清代流传甚广的一句谚语。“三爷”指的是少爷、姑爷、舅爷，也就是儿子、女婿、妻兄弟。意在告诫为官者，这三种人千万不可任用。否则，会丢官罢职、败家毁业。

“一人不廉，全家不圆。”党员领导干部要摒弃“亲”而“不清”的亲情观。在亲情面前多思踩红线、触底线之戒，切实做到“恋亲不为亲徇私，念旧不为旧谋利，济亲不为亲撑腰”。

《学治臆说》节选

82cm×49cm

13.

取之有制，用之有节则裕；
取之无制，用之不节则乏。

出自明代张居正所作《论时政疏》。意为提取时有限制，使用时有节制，财富就会很充裕；提取时无限制，使用时无节制，财富就会匮乏。

勤俭节约是我们党的优良作风和优良传统。广大党员干部要率先垂范，争做“过紧日子”的积极倡导者、模范践行者、义务宣传者。

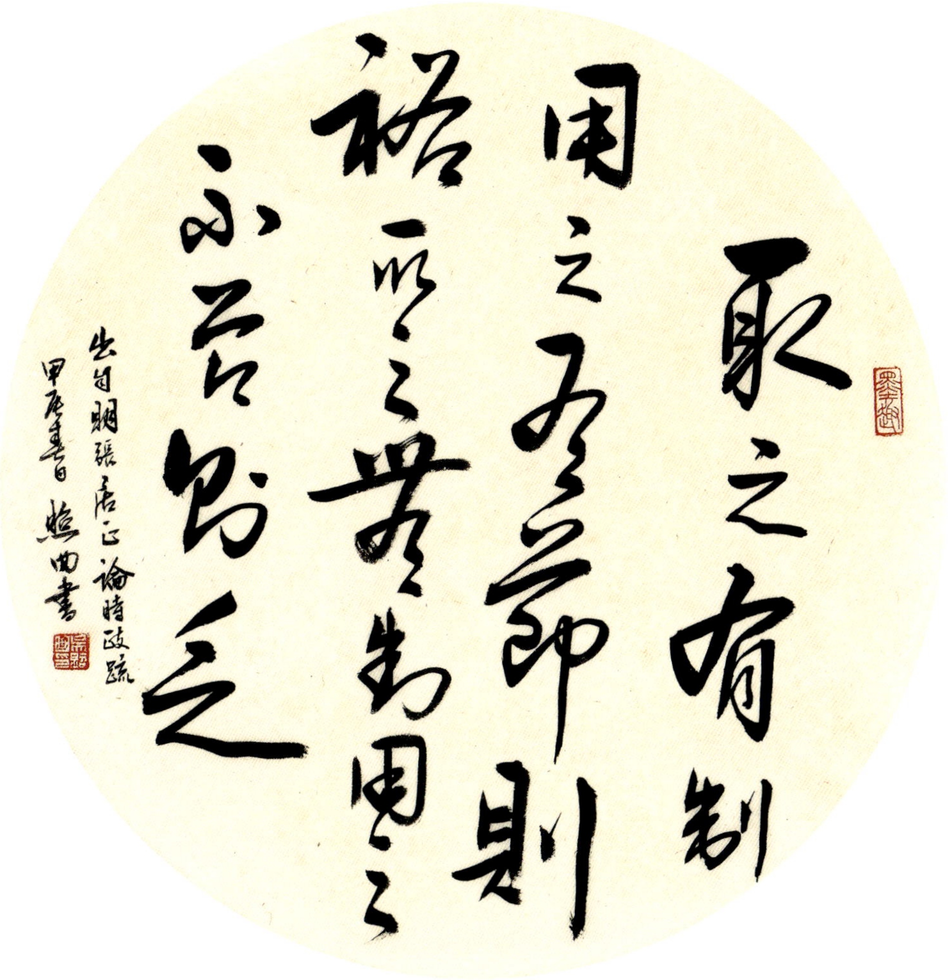

《论时政疏》节选

43cm×43cm

14.

勤与俭，治生之道也。人情莫不贪生而畏死，然往往自绝其生理者，不勤不俭之故也。不勤，则寡入。不俭，则妄费。寡入而妄费，则财匮。财匮，则苟取。愚者为寡廉鲜耻之事，黠者入行险侥幸之途。生平行止，于此而丧。祖宗家声，于此而坠，呜呼！生理绝矣。又况一家之中，有妻有子，不能以勤俭表率，而使相趋于贪惰。则自绝其生理，而又绝妻子之生理矣。

出自清代朱柏庐所作《朱柏庐治家格言》。意为勤劳与节俭是维持生活的根本之道。不勤劳就会少有收入，不节俭就会胡乱花费。收入少又胡乱花费，就会财力匮乏。财力匮乏，就会胡乱获取。愚蠢的人就会做出不知羞耻的事情，狡黠的人就会踏上冒险侥幸之路。此生的品行，到这时丧失；祖先家族的名声，到这时败坏。唉！生计（因此）断绝了。又何况一家之中，有妻子儿女，不能用勤劳节俭做表率，却使（家人）一起趋于贪婪懒惰，就（不仅）会断绝自己的生计，也会断绝妻子儿女的生计。

我们党在民族危难之时，能够带领中国人民取得一次又一次的革命胜利，其重要原因之一就是我们党能够坚持勤俭节约、艰苦奋斗的民族精神。当今，社会越是进步，越要保持勤俭节约的光荣传统；国家越是繁荣富强，越要保持艰苦朴素的优良品德。

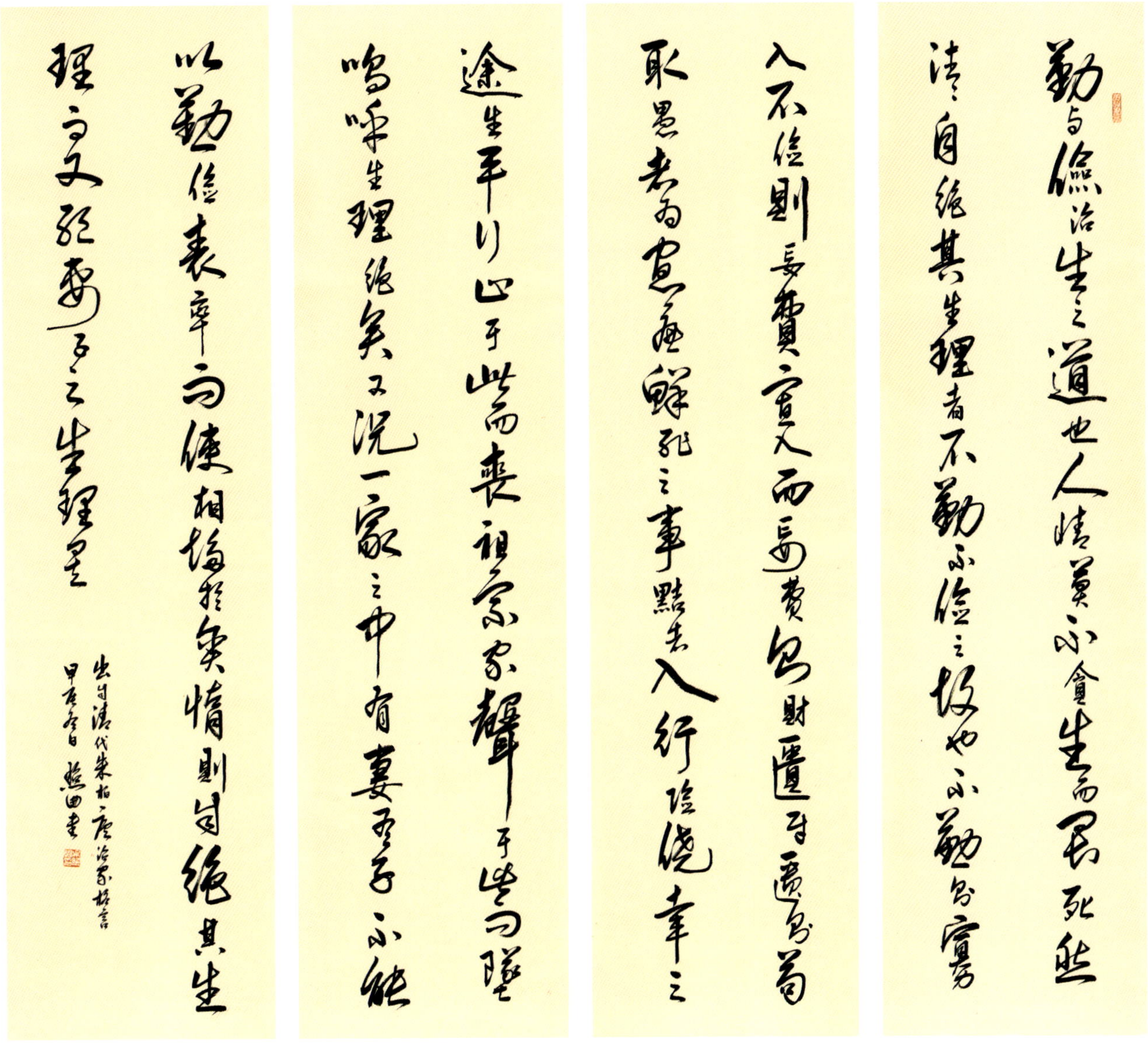

《朱柏庐治家格言》节选

180cm×49cm×4

15.

身之不俭，断不能范家；
家之不俭，必至于累身。

出自清代汪辉祖所作《佐治药言》。意为如果自身不节俭，是不可能起到模范治家作用的；一个家庭若不节俭，则必定会累及自身。

对一家而言，“家俭则兴，人勤则健，能勤能俭，永不贫贱”；对一国而言，也是“常以俭得之，以奢失之”。勤俭节约是立国之本，也是治国之道。不论我们国家发展到什么水平，不论人民生活改善到什么程度，艰苦奋斗、勤俭节约的思想永远不能丢。

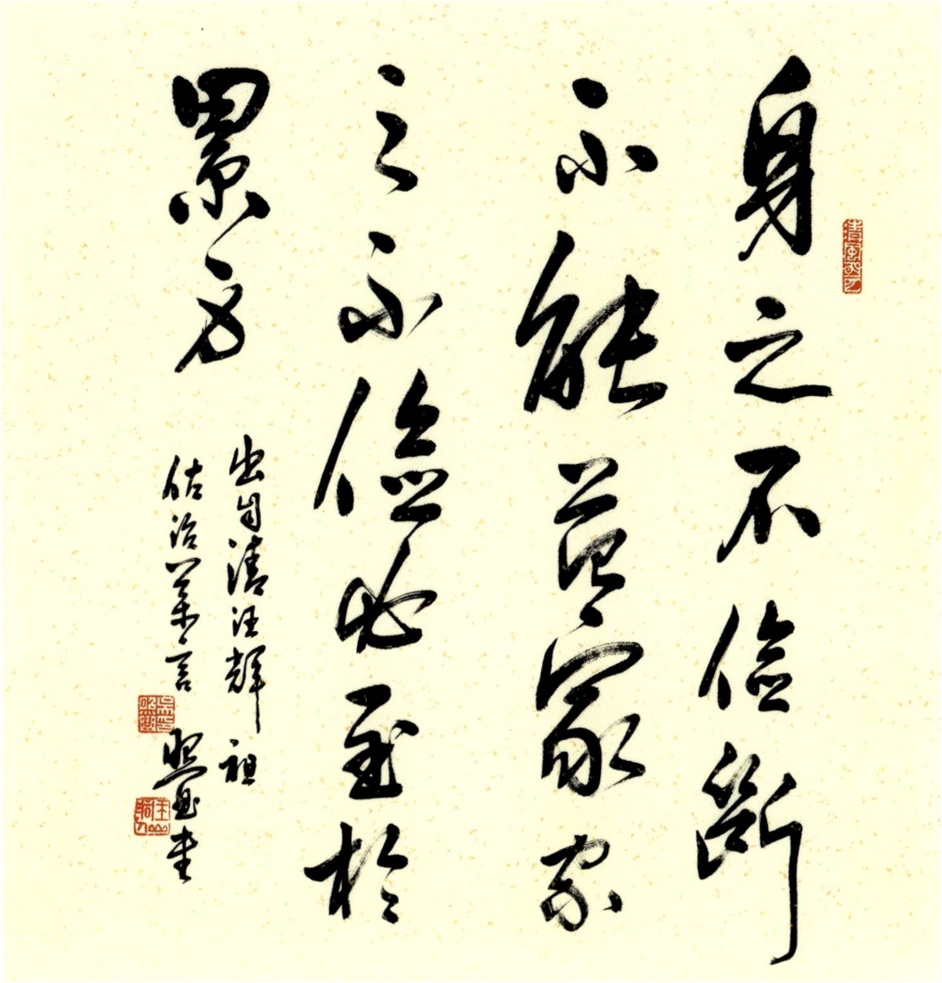

《佐治药言》节选

69cm×68cm

16.

崇儒重道，好礼尚德，孔门素为佩服。为子孙者勿嗜利忘义，出入衙门，有亏先德。

出自《孔氏祖训箴规》。意为尊崇儒家学说，重视道德伦理，崇尚礼仪，注重道德修养，孔子及其门徒所代表的儒家学派，一直以来都受到人们的敬仰和佩服。作为孔氏子孙，不要贪图利益而忘记道义，做官不要做出有损祖先德行的事情。

“见小利，不能立大功；存私心，不能谋公事。”作为党员干部，要树立正确的义利观，不断校正“小我”与“大我”的关系，牢记权力是党和人民所赋予的，是用来造福老百姓的，不是用来谋私的，要做到“始终把人民利益摆在至高无上的地位”。

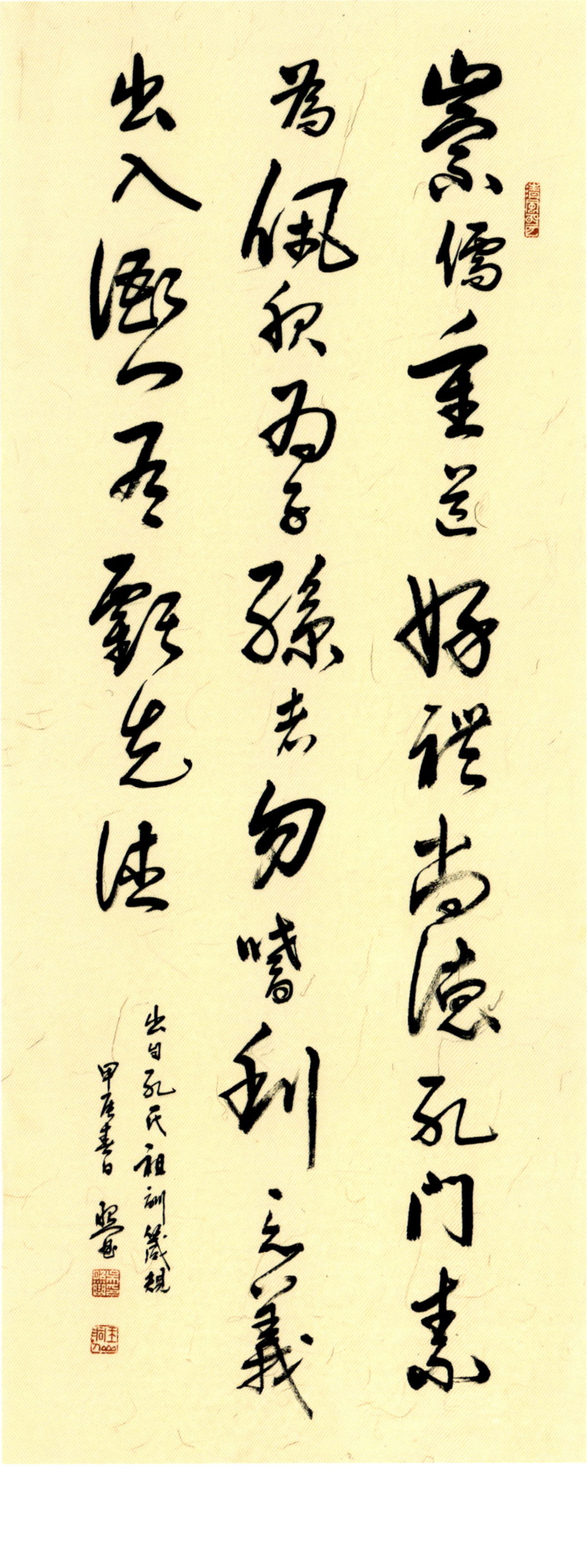

《孔氏祖训箴规》节选

138cm×57cm

17.

赵钱孙李张王陈，好花一盆黎民情。
一日三餐抚心问，丹心要学月月红。

出自北宋苏东坡所作《丹心要学月月红》。意为老百姓送来的这盆美丽芬芳的月季花，代表着人们对我的敬仰和信赖。我每顿饭之前都要扪心自问，是否有一颗像月季花一样的赤诚为民之心。

一心为民是中国共产党人与生俱来的品质与情怀。领导干部要始终保持公仆本色，怀揣为民情怀，时刻摆正自己和人民群众的位置，做到在任何时候、任何情况下与人民群众同呼吸共命运的立场不能变，全心全意为人民服务的宗旨不能忘。同时，要深入到基层和群众中，了解实情、汲取智慧、获得力量，多办顺应民意、化解民忧、为民谋利的实事。

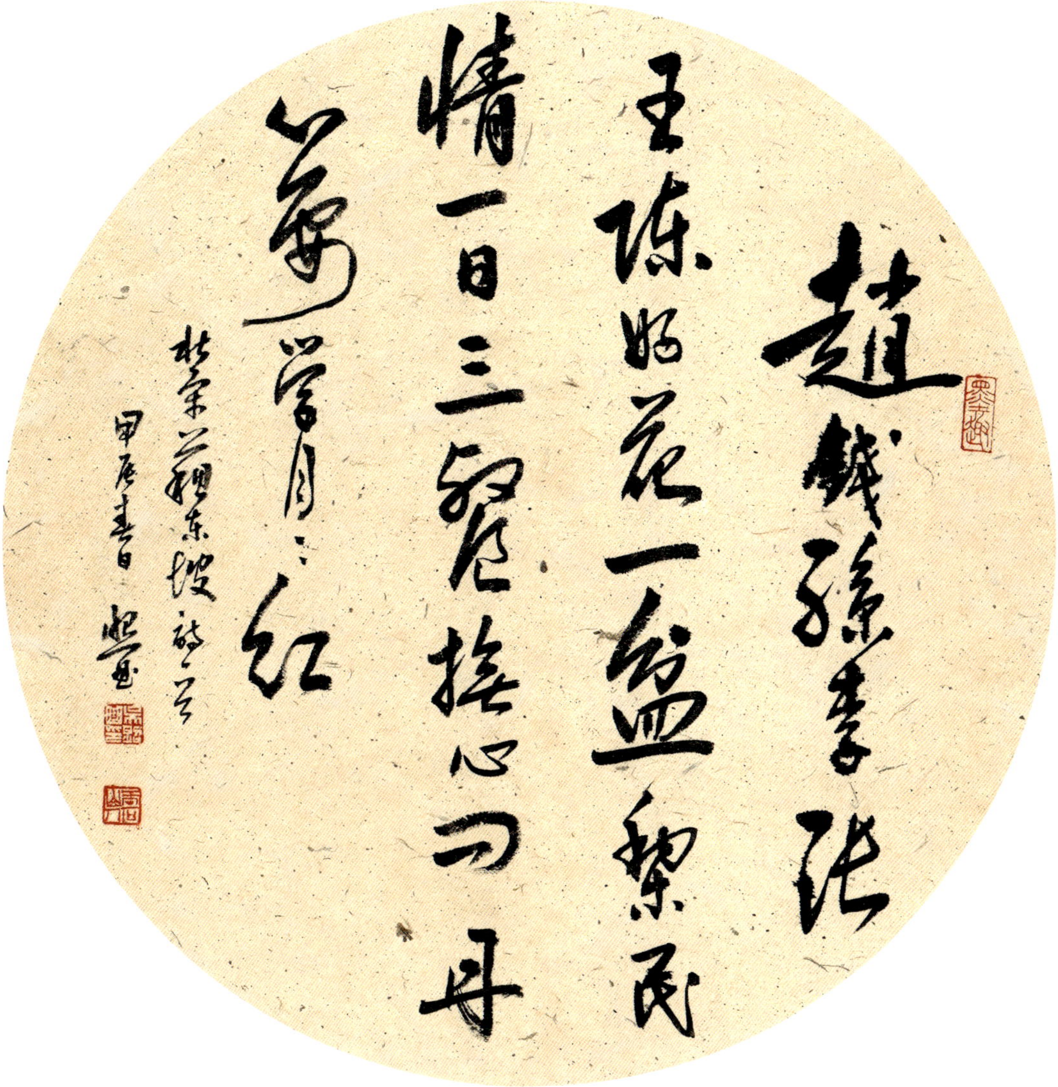

《丹心要学月月红》

50cm×50cm

18.

屡蒙恩旨秉文衡，艺苑群瞻桃李荣。
直道一身立廊庙，清风两袖返韩城。
先皇手泽常承福，东国灵蕿永卫生。
西望渭川云渺渺，鳞鸿时达慰离情。

出自清代爱新觉罗·颙琰（清朝嘉庆皇帝）所作《送王杰归韩城》。意为你多次蒙受恩宠奉旨担任科举会试主考，才学广受艺术界（艺苑）敬仰，培养的学生（桃李）也获得极高的荣誉。以一身正气立于朝堂，带两袖清风重归韩城故里。愿先皇的赐物带给您福泽，东洋的灵参能让您永葆健康长寿。向西望去，渭水茫茫烟云渺渺，愿通过书信（鳞鸿，即鱼雁传书，代指书信）的往来，可以时常传递消息，慰藉彼此的离愁别绪。

为政清廉才能取信于民，秉公用权才能凝聚人心。新时代，党员干部当以廉为鉴，将清廉作为其自身“标配”，知敬畏守底线，讲清廉守本分。只有坚守清廉之道，才能赢得人民群众的信任和尊重。

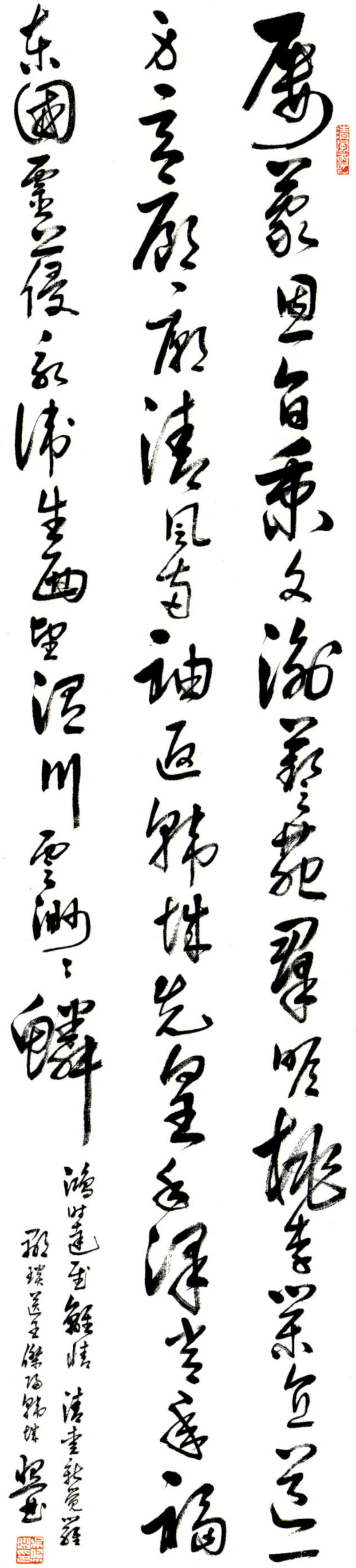

《送王杰归韩城》

180cm×49cm

19.

我老汝远行，知汝非得已。汝为吉州吏，但饮吉州水。
一钱亦分明，谁能肆谗毁？聚俸嫁阿惜，择士教元礼。
我食可自营，勿用念甘旨。衣穿听露肘，履破从见指。
出门虽被嘲，归舍却睡美。益公名位重，凛若乔岳峙。
汝以通家故，或许望燕儿。得见足以荣，切勿有所启。
又若扬诚斋，清介世莫比。一闻俗人言，三日归洗耳。
汝但问起居，余事勿挂齿。希周有世好，敬叔乃乡里。
岂惟能文辞，实亦坚操履。相从勉讲学，事业在积累。
仁义本何常，蹈之则君子。汝去三年归，我倘未即死。
江中有鲤鱼，频寄书一纸。

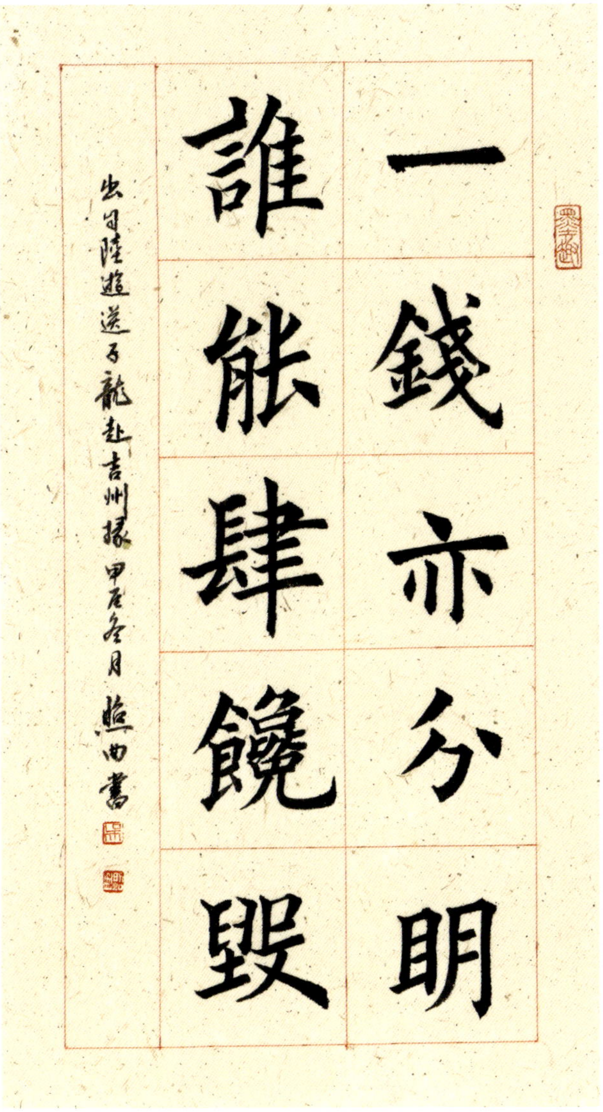

《送子龙赴吉州掾》节选

46cm×24cm

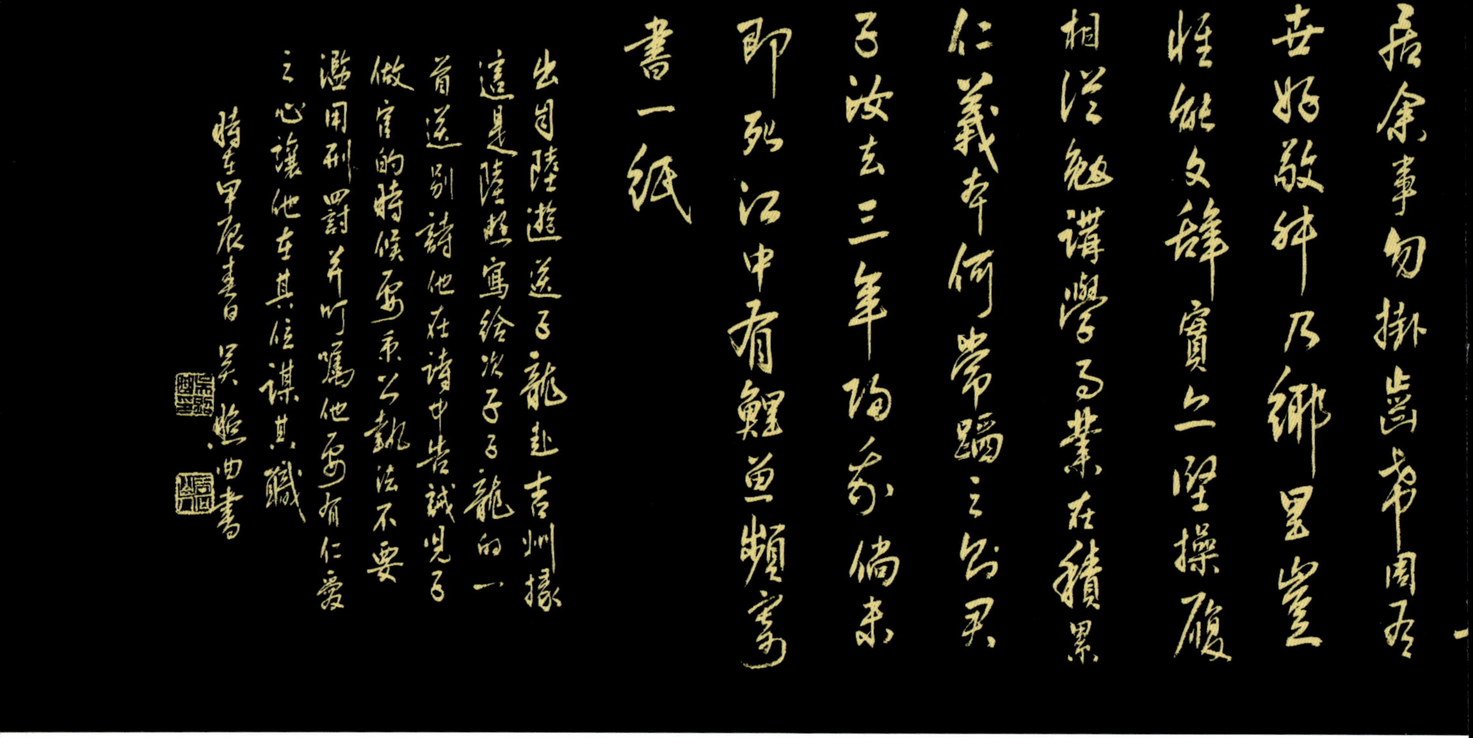

节选自宋代陆游所作《送子龙赴吉州掾》。意为我老了，你却要远行，我知道你是不得已而为之。你是吉州的官吏，喝的是吉州的水，要为吉州百姓做好事。在金钱的问题上，哪怕是一文钱，也要公私分明，自身清白廉洁，旁人就没有理由说你的坏话。平时要省吃俭用，用自己积攒下来的钱陪嫁女儿，用自己挣的钱延聘品德高尚的教师，教导自己的儿子。我虽然已经老了，但一切尚可以自理，吃饭问题，你不用惦念；衣服、鞋子破了，出门虽会被人嘲笑，但我却不在乎，回家后仍然可以心安理得地美美地睡觉，因为我是清白的。吉安当地的益公周必大，地位高，名气大，很有威望。他的举止和态度严肃而庄重，就像高山一样挺拔坚固。我与他是老朋友，由于这种世交关系，你要去拜望他。你能够见到他，就足以荣幸的了，切不可向他提出什么请求。另外，江西吉永有一位叫杨万里的人，号诚斋，官至秘书监。他是著名诗人，也是我的老朋友。此人清廉耿介、品德高尚，举世无

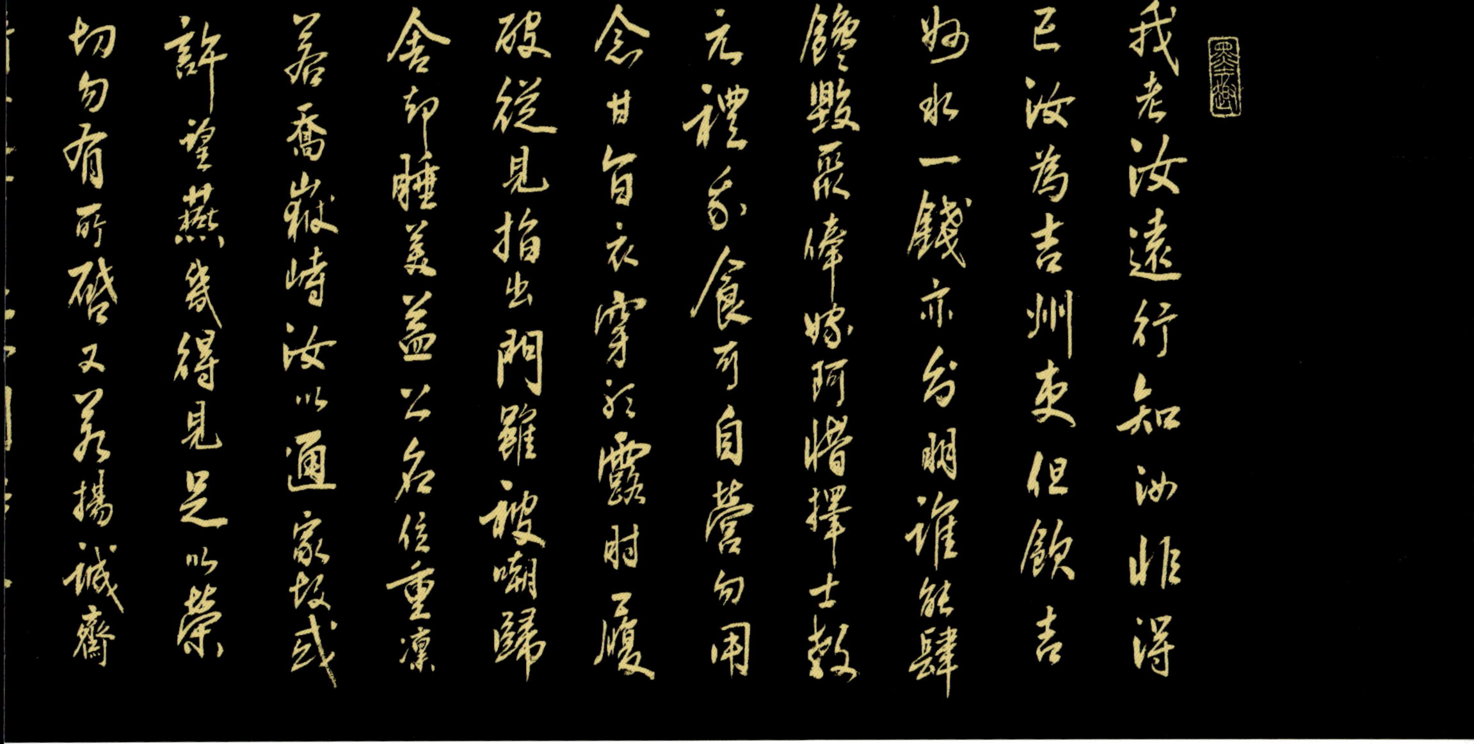

《送子龙赴吉州掾》

27cm×138cm

双；他清廉自守，一旦听到庸俗的人说了庸俗的话，就非常厌烦，恨不得用清水洗净自己的耳朵。你到吉州见到他，代我向他问好，但不要谈别的事情。当地的陈希周，我与他及他的父亲过去有交往；杜敬叔和我是同乡，我在山阴时曾应他的请求给他写过诗。此二人善于写诗做文章，很有学问，且正直廉介，品德高尚。你要和他们共同切磋学问，不断积累自己的知识。一个人要达到仁义的思想境界，成为有道德的人，必须躬行实践。在诗的最后，陆游嘱咐儿子子龙要常给他写家信。

良好家风是抵御腐败的第一道防线。培育党员干部的廉洁家风是纵深推进全面从严治党的重要抓手。新时代党员干部要以自身正带动家风正，以家风正带动党风清、政风明。要时刻把纪律规矩挺在前面，心存敬畏，行有所止，守住法纪底线。要在廉洁自律方面发挥示范作用，当好家风建设的带头人。

20.

由俭入奢易，由奢入俭难。饮食衣服，若思得之艰难，不敢轻易费用。酒肉一餐，可办粗饭几日；纱绢一匹，可办粗衣几件。不馋不寒足矣，何必图好吃好着？常将有日思无日，莫待无时思有时，则子子孙孙常享温饱矣。

出自明代周怡所作《勉谕儿辈》。意为从节俭变到奢侈是容易的，从奢侈回到节俭就困难了。饮食穿衣，如果思考得到这些的艰难，就不会轻易地花费钱财了。吃肉喝酒一顿的花费，可以置办好几天的粗茶淡饭；一匹绸缎的花费，可以置办好几件平常的衣服。不饿不冷就够了，何必图个吃好穿好？经常在拥有的时候想着没有的时候，不要等到失去的时候再想着拥有的时候。那么，子子孙孙（就能）常常享受到温饱了。

节俭朴素、力戒奢靡是我们党的传家宝。新时代推动全面从严治党向纵深发展，党员干部就要继续弘扬艰苦奋斗、勤俭节约的优良作风，从自身做起，从小事做起，推动勤俭节约成为时代新风尚。

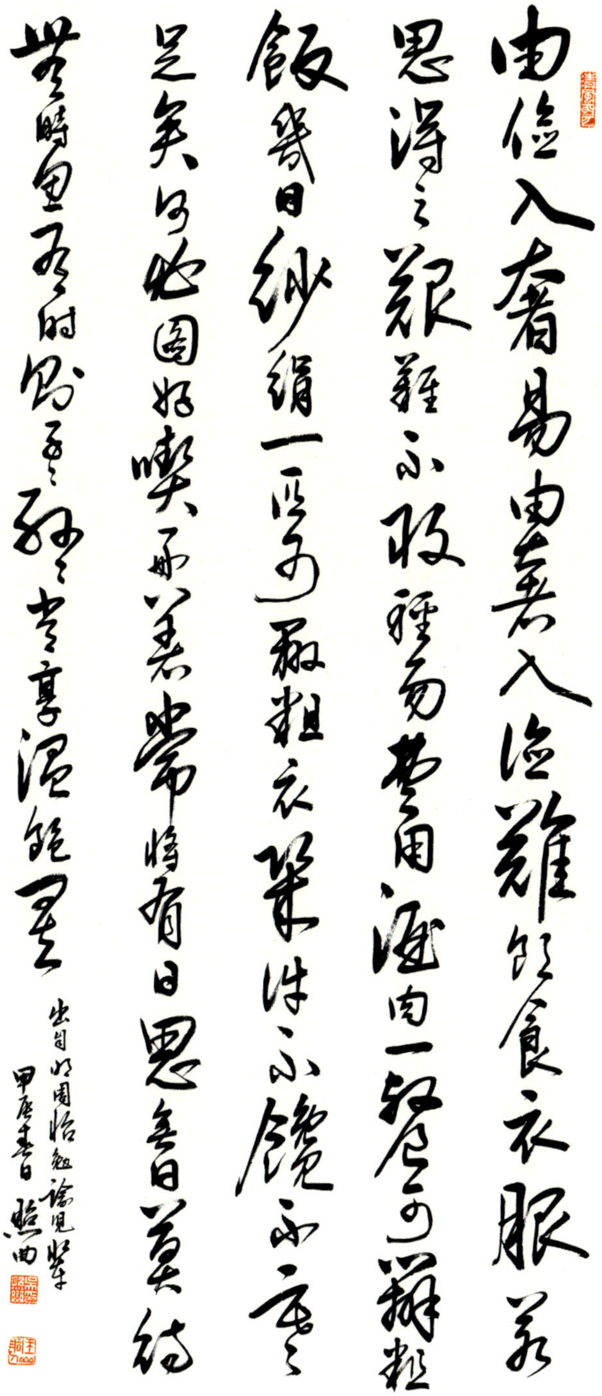

《勉谕儿辈》节选

138cm×69cm

21.

吾今日之俸，虽举家锦衣玉食，何患不能！顾人之常情，由俭入奢易，由奢入俭难。吾今日之俸岂能常有？身岂能常存？

出自北宋司马光写给其子司马康的家训《训俭示康》。意为我现在的俸禄，即使全家穿绸挂缎，也完全能做到。然而人之常情，由节俭进入奢侈很容易，由奢侈进入节俭就困难了。像我现在这么高的俸禄难道能够一直拥有？人难道能够一直活着？意指告诫家人要勤俭持家，传承勤劳节俭的优良家风。

俭以养德，俭以齐家。广大党员干部特别是领导干部要继续弘扬勤俭节约的优良传统，坚决反对享乐主义和奢靡之风，以自己的身体力行、率先垂范，培育勤俭好家风，从而引领全社会形成崇尚勤俭的好风气。

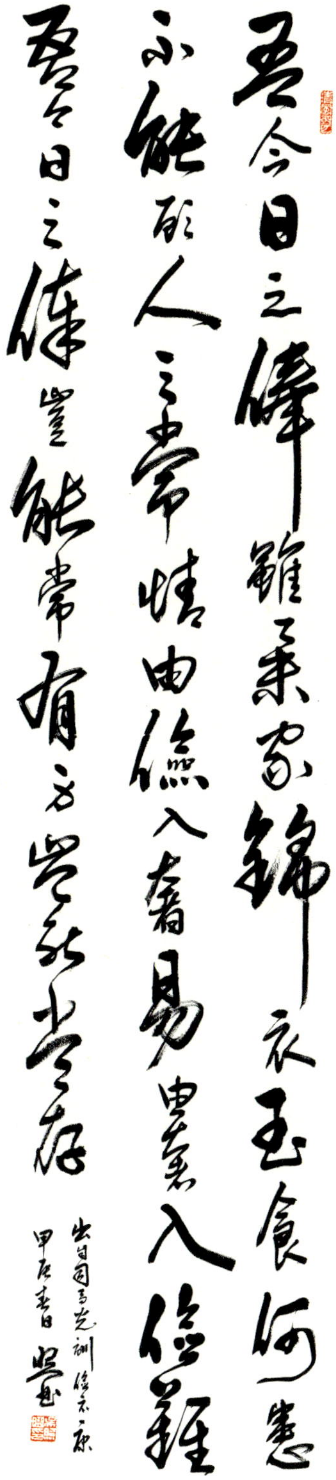

《训俭示康》节选

180cm×49cm

22.

勤俭自持，习劳习苦，可以处乐，可以处约，此君子也。余服官二十年，不敢稍染官宦气习，饮食起居，尚守寒素家风，极俭也可，略丰也可，太丰则吾不敢也。凡仕宦之家，由俭入奢易，由奢返俭难。尔年尚幼，切不可贪爱奢华，不可惯习懒惰。无论大家小家、士农工商，勤苦俭约，未有不兴，骄奢倦怠，未有不败。

出自清代《曾国藩家书》。意为勤俭自持，习惯劳苦，既能身处安乐之中，又可身处俭省之中，这就是君子。我做官二十年，从来不敢沾染半点官僚习气，饮食起居，还是遵循简朴的家风，可以非常节俭，也可以略微丰裕，而过分的丰裕我就不敢享用了。凡是官宦人家，从节俭走向奢侈很容易，而从奢侈转到节俭却相当难。你的年纪还小，千万不可以贪念奢侈享受，千万不可以养成懒惰的习惯。无论大户人家、小户人家、士农工商，凡是勤俭节约的，没有不兴旺的；凡是骄奢倦怠的，没有不破败的。

勤俭，才会有“粒粒皆辛苦”的珍惜，才会有“恒念物力维艰”的自觉，才会有“禄食出闾里”的感悟。勤俭节约是广大党员干部廉洁自律的基本要求。广大党员干部要严格落实中央八项规定精神，坚决抵制享乐主义和奢靡之风，带头崇尚简朴生活。

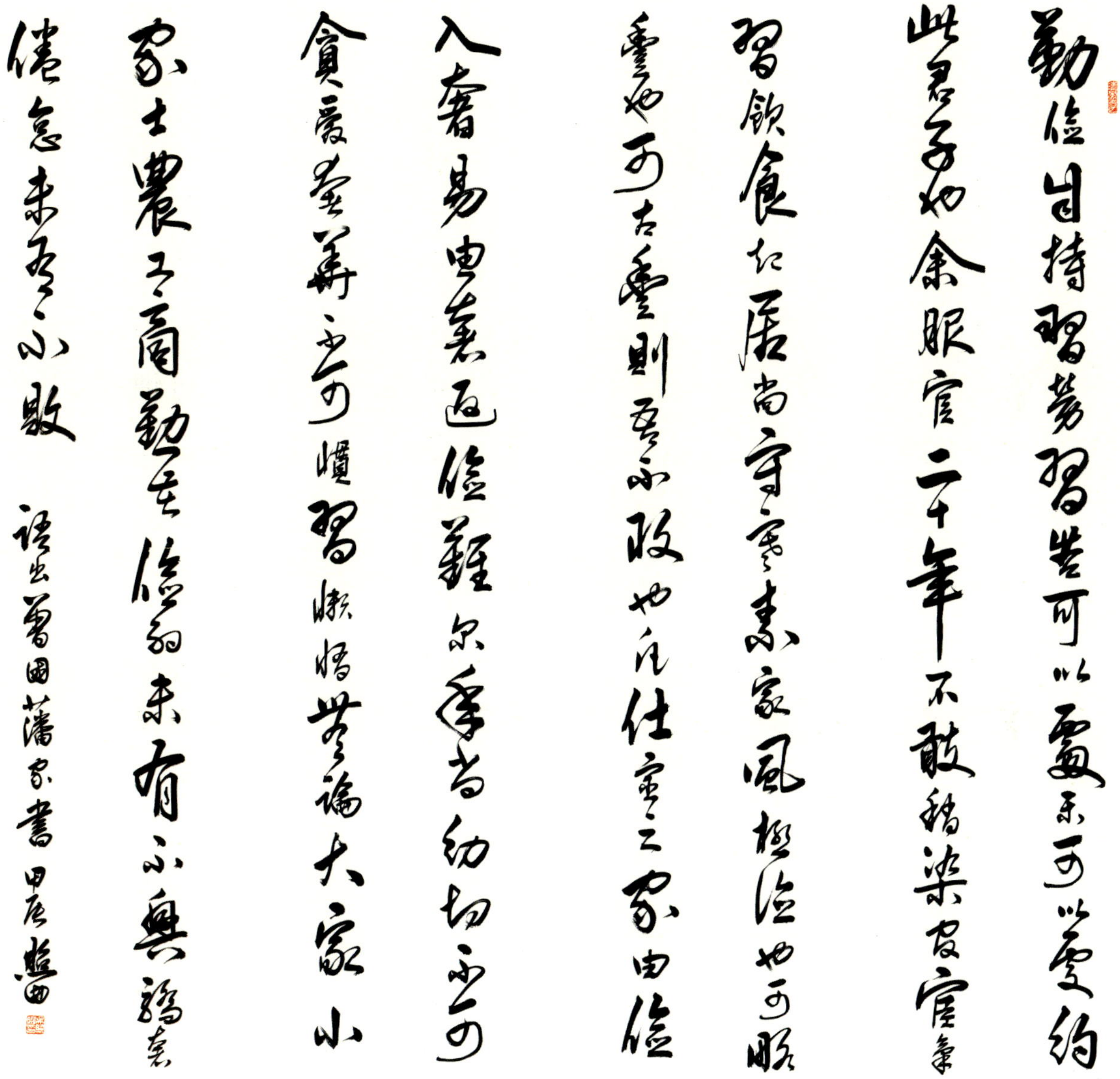

《曾国藩家书》节选

180cm×49cm×4

［楹联对联］

1.

传家有道唯存厚；
处世无奇但率真。

这副楹联挂于乔家大院明楼院一进院门楼。意为唯有积存厚德才是传承家业的真道，处世立身没有奇特的办法，只有依循直率真诚的本性。

不论时代发生多大变化，不论生活发生多大变化，我们都要注重家教、注重家风。党员领导干部要在修身立德上做好表率，严于率己、严格家教，廉洁修身、廉洁齐家，筑牢反腐倡廉的家庭防线。

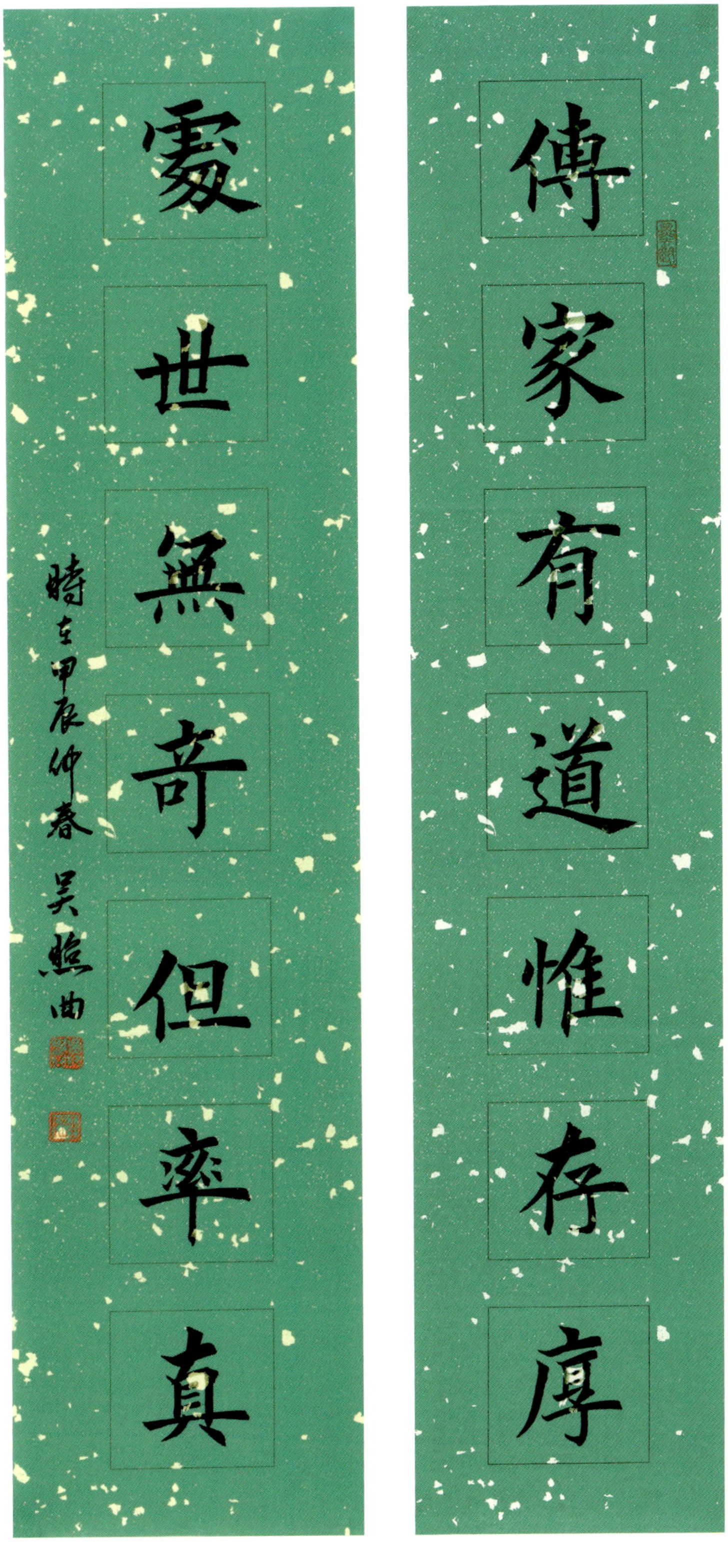

山西省晋中市乔家大院明楼院一进院门楼楹联

97cm×22cm×2

2.

子孙若如我，留钱做什么？贤而多财，则损其志；

子孙不如我，留钱做什么？愚而多财，益增其过。

出自清代林则徐训子联。意为子孙如果像我一样卓异，那么我就没必要留钱给他，贤良能干却拥有过多钱财，会消磨他的斗志；子孙如果是平庸之辈，那么我也没必要留钱给他，愚蠢无能却拥有过多钱财，会增加他的过失。

人生真正的幸福并不在于拥有财富的多少，而在于我们拥有高尚的品德和卓越的才能。家庭是社会的基本细胞，是个人成长的第一环境。家风家教是一个家庭最宝贵的财富，给子孙后代留下金山银山不如多行善积德，树好家风，管好家人家事，建好家庭。

清代林则徐训子联

180cm×49cm×2

3.

戳破窗纸容易补；
败坏道德最难修。

出自晚清王湘绮给后人的家训联。意为窗纸破了容易修补，但是道德的败坏却很难修复。

国无德不兴，人无德不立，官无德不为。领导干部作为“关键少数”，要更加注重修身立德，加强党性修养，坚定理想信念，提升道德境界，筑牢立身之本、为政之基。

晚清王湘绮给后人的家训联

138cm×34cm×2